沢村香苗

老後ひとり難民

GS

幻冬舎新書

736

老後ひとり難民／目次

構成　千葉はるか
図版・DTP　美創

「老後ひとり難民」とは何か

1年間に亡くなった人のおよそ15人に1人が、身寄りがない人や身元がわからない人として行政機関に火葬されている——。

２０２３年にＮＨＫが調査・報道したこの首都圏のデータは、多くの人に衝撃を与えたのではないかと思います。

「身寄りがない人」「身元がわからない人」と聞けば、一昔前までは「特殊な事情がある人だろう」「自分とは関係のない話だ」と感じる人が多かったのではないでしょうか。

しかし、**親族に看取《みと》ってもらえないどころか、死後の葬儀さえしてもらえないというケースは、今やまったくめずらしくなくなっています。**背景には、結婚しない人、子どもをもたない人、親と同居しない人などが増え、「家族」「親族」のつながりが希薄化するなか、「いざというときに頼れる人がいない」人が増えているという現実があります。

たとえば、独身者が「ひとりっ子で両親は他界した」という場合、親しくしている親族がいなければ、倒れたときなどに頼れる人がいないということは容易に起こりえます。

親子関係が悪化するなどして子どもとは疎遠《そえん》だという人の場合、ひとり暮らしで倒れたり亡くなったりしたとき、子どもが「いっさい、関わりたくない」と拒絶するケースもめずらしくありません。

高齢で子どものいない夫婦の場合、一方が倒れたり亡くなったりすれば、あっという間に「誰も頼れない」という厳しい状況に追い込まれることになるでしょう。

「90代の親と70代の子どもだけ」といった高齢世帯では、親が「子どもに看取ってもらえる」と思っていても、現実には子どもが先立つ場合もあるかもしれません。

ひとりだけの人生を謳歌《おうか》する人は近年ではめずらしくなく、「おひとりさま」などとも呼ばれます。

しかし老後に頼れる人がおらず、ひとりになれば、「おひとりさま」というポジティブな呼び方とはかけ離れた、厳しい現実と向き合うことを余儀なくされるのです。

本書では、この厳しい現実に向き合うであろう高齢者を「老後ひとり難民」と呼び、これから「老後ひとり難民」の方たちに起きるであろうさまざまな問題を解説し、トラブルをできるだけ回避する方法を探っていきたいと考えています。

私が本書のテーマである「老後ひとり難民」の問題に関わり始めたのは、2017年のこと。きっかけはこの前年、「日本ライフ協会」という公益財団法人が経営破綻《はたん》したことです。

一般に、病院に入院するときや賃貸契約を結ぶときなどに「身元保証人」が求められることは皆さんご存じでしょう。日常のさまざまな場面で「保証人のサインを」といわれれば、家族や親せきなどに保証人になってくれるよう相談するものではないかと思います。

しかし身寄りのない「老後ひとり難民」の高齢者にとって、保証人を見つけることは簡単ではありません。そのような身寄りのない高齢者に対し、身元保証人を引き受けるなどの支援サービスを有償で提供していたのが、日本ライフ協会です。

しかし2016年、日本ライフ協会が高齢者からの預託金《よたくきん》（前払いされた利用料。保証金のようなもの）の一部を流用していることが発覚。公益認定を取り消された末、経営破綻したというニュースが全国に流れることになりました。

日本ライフ協会の経営破綻の影響は大きく、国は、高齢者の身元保証を引き受ける事業者について実態把握に乗り出しました。厚生労働省による「身元保証等高齢者サポート事業者」の調査が行われることになり、その調査を引き受けたのが、私が勤める日本総合研究所（日本総研）でした。

ちなみに「身元保証等高齢者サポート事業者」は、一般的に「身元保証事業者」と呼ばれることが多いように思います。

この調査を担当することになった私は、少しずつ問題の難しさを知ることになりました。

そもそも調査を始めようとしたとき、対象となる「身元保証等高齢者サポート事業者」がどこの誰を指すのかも明確ではありませんでした。

たとえば病院や介護施設であれば、実態を調査しようとしたとき、調査対象リストは公的なデータからすぐに入手できます。しかし「身元保証等高齢者サポート事業者」の場合、リストさえ存在していなかったのです。

私はさまざまな手段を使い、業界で流通している事業者リストを入手するなどしながら、高齢者の身元保証サービスを行う事業者にインタビューを重ねていきました。

「高齢者の身元保証」というテーマが問題として認識され始めた当初は、「病院や介護施設が身元保証人を求めるのは、身寄りのない高齢者にとって理不尽であり、やめるべきだ」という程度のとらえ方をする人が多かったのではないかと思います。

しかし、実際に事業者の方々から話を聞き始めると、話はより複雑であることがすぐにわかりました。

身寄りのない高齢者が入院して身動きできないとき、医療費は誰がどうやって払うの

か。

入れ歯を自宅に置いたまま入院してしまった場合、誰が入れ歯を取りに行くのか。

入院した高齢者の携帯電話料金がコンビニ払いだったら、誰がどうやって払うのか。

入院後に亡くなったら、死亡届や火葬などの手続きは誰が行うのか。

亡くなった高齢者が住んでいた家は、誰がどう片づけるのか。

これらは、対応できる家族や親族がひとりでもいれば、いずれも問題にならないでしょう。

しかし身寄りがなかったり、親族との日頃のつき合いがなかったりする「老後ひとり難民」にとっては、対処が難しい大問題となりえます。

さらにいえば、配偶者がいる人も安泰《あんたい》とはいえません。高齢者2人世帯では、どちらか一方が寝たきりになったり認知症になったりすれば、簡単に「老後ひとり難民状態」に陥るからです。

そしてこのような問題は、病院や介護施設が身元保証人を求めなければ解決するわけではありません。

身寄りのない高齢者の老後や最期には、解決の難しい問題が山積《さんせき》しています。調査を進めるうちに、そもそもどのような課題があるかという実態すら十分に把握されておらず、公的な制度で対応できないことが多いこともわかってきました。

私はこれらの問題に強い関心を持ち、その後ずっと「老後ひとり難民」というテーマを追いかけることになりました。

私が関わり始めた当時、「老後ひとり難民」の問題はあまり注目されていませんでした。

しかし最近では、テレビや新聞などのマスメディアからの取材依頼が急増しています。ここ1年間だけでも、私が取材協力した記事は19件にのぼりました（図表1参照）。記事のタイトルを見ると、「高齢おひとりさま」「身寄りなし」「生涯子供なし」「単身高齢者」などのさまざまな呼び方とともに、「無縁遺骨《むえんいこつ》」「支援現場すでにギリギリ」「「おひ

図表1　2023〜24年に著者が取材を受けたメディア

1	日本経済新聞 増える「無縁遺骨」誰が弔う 超高齢化社会の影	2023/3/18
2	NHKニュース 「もっと早く始めておけばよかった」80代1人で始めた『終活』	2023/4/7
3	日本経済新聞 身寄りのない高齢者 「支援現場すでにギリギリ」「#生涯子供なし」識者はどう見る②	2023/6/13
4	毎日新聞（web） 高齢者になる「おひとりさま」を待ち受ける「生きる困難」	2023/7/27
5	毎日新聞 高齢おひとりさま、政治の手	2023/7/29
6	NHKニュース 【なぜ】高齢者の身元保証サポート事業 総務省が初の実態調査	2023/8/7
7	毎日新聞 高齢おひとりさま、深刻	2023/8/9
8	毎日新聞 社説：増える単身高齢者 社会で孤立防ぐ仕組みを	2023/8/21
9	東京新聞 身元保証から死後対応まで、1人暮らし高齢者の支援業者が増加中	2023/9/4
10	関西テレビ 高齢者サポートする〝家族代行〟身元保証から死後の事務まで	2023/9/6
11	韓国日報 「戦争レベルの」死亡者増えた日本…遺族は「死体ホテル」で火葬を待つ	2023/9/9
12	読売新聞 身元保証の支援事業者に認証制	2023/9/24
13	公明新聞 どう支える?単身高齢者	2023/10/14
14	朝日新聞 おひとりさまの「困った!」対策は?　日本総合研究所・沢村香苗さんに聞く	2023/10/15
15	日本経済新聞 「身元保証」必要なのに…課題多く	2023/11/30
16	産経新聞 身寄りなし　家族だけでは背負えない	2024/1/16
17	朝日新聞 単身高齢者の終活、都が支援	2024/1/23
18	読売新聞 保証人なし　単身世帯増…高齢者　意思共有の仕組みを	2024/1/27
19	朝日新聞 買い物帰りに倒れた男性　関与拒んだ親族…納められない遺骨の行方は	2024/3/6

とりさま」を待ち受ける「生きる困難」」「関与拒んだ親族」といった不穏な言葉も並んでいます。

これまでに受けてきた取材を振り返ると、問題の深刻さと、この問題への急速な関心の高まりを感じます。

高齢期の問題は、他人事《ひとごと》ではない

「老後ひとり難民」の問題が特に表面化しやすいケースの一つとして、病院や介護施設に入る際の身元保証について触れましたが、高齢期の問題はほかにもまだ、たくさんあります。

そもそも高齢期は誰しも、心身の機能が衰えていくものです。それに対応するために、介護サービスを利用するようになったり、高齢者向けの施設に入所したりといったように、生活の方法や居場所が変化していくことが多くあります。

つまり**高齢期というのは、「心身が衰えて苦しいなかで、新たな出来事への対応が求められる」という困難をはらんでいる**のです。

さらにいえば、ライフスタイルの多様化や選択肢の充実により、意思決定が難しくなっている面もあります。

たとえば住まいについては、多様な高齢者向け住宅や介護施設などが提供されるようになっており、家でずっと過ごすのが当たり前だった時代と比べて選択肢がたくさんあります。

介護保険の使い方についても、デイケアに頻繁に通うという方法もあれば、ヘルパーさんに家に来てもらう方法もあるでしょう。

医療についても、昔であれば「もう助けられる見込みがない」となったらそのまま亡くなるのが普通だったのが、たとえば「ホスピスなど痛みを緩和する施設に入るかどうか」「自宅で痛み止めなどの訪問医療を受けるかどうか」「延命するために胃ろうをつけるかどうか」といったような選択を迫られる場面が増加しているはずです。

また「終活」をしようとすれば、お墓や葬儀をどうするかも、さまざまな選択肢から決めなくてはなりません。

昔は何も考えず家族墓《かぞくばか》に入るものだとされた時代もありましたが、近年は「納骨堂にしようか、それとも子どもがいないから永代供養墓《えいたいくようぼ》にしようか」などと検討し、自分で決断しなければならないわけです。

財産についても、一昔前なら「長子《ちょうし》が不動産などを継ぐのが当たり前」という考え方もあったかもしれませんが、現代では相続人それぞれの主張や立場を考えて検討するケースが増えています。

このように、「あなたはどうしたいですか」と突きつけられ、決断を迫られる場面は昔と比べてずいぶん増えているのです。

もちろん「本人の意思決定」が大切にされるようになったのはポジティブなことですが、高齢になって初めて直面する多くの問題について、一つ一つ選択を迫られるのは負担が大きいものです。

また、**本人の意思決定が重視されるということは、本人が意思決定できなくなったとき、代わりに意思決定してくれる身寄りがいなければ、さまざまな場面で行き詰まること**を意味します。

図表2　「老後の面倒」は次々と現れる

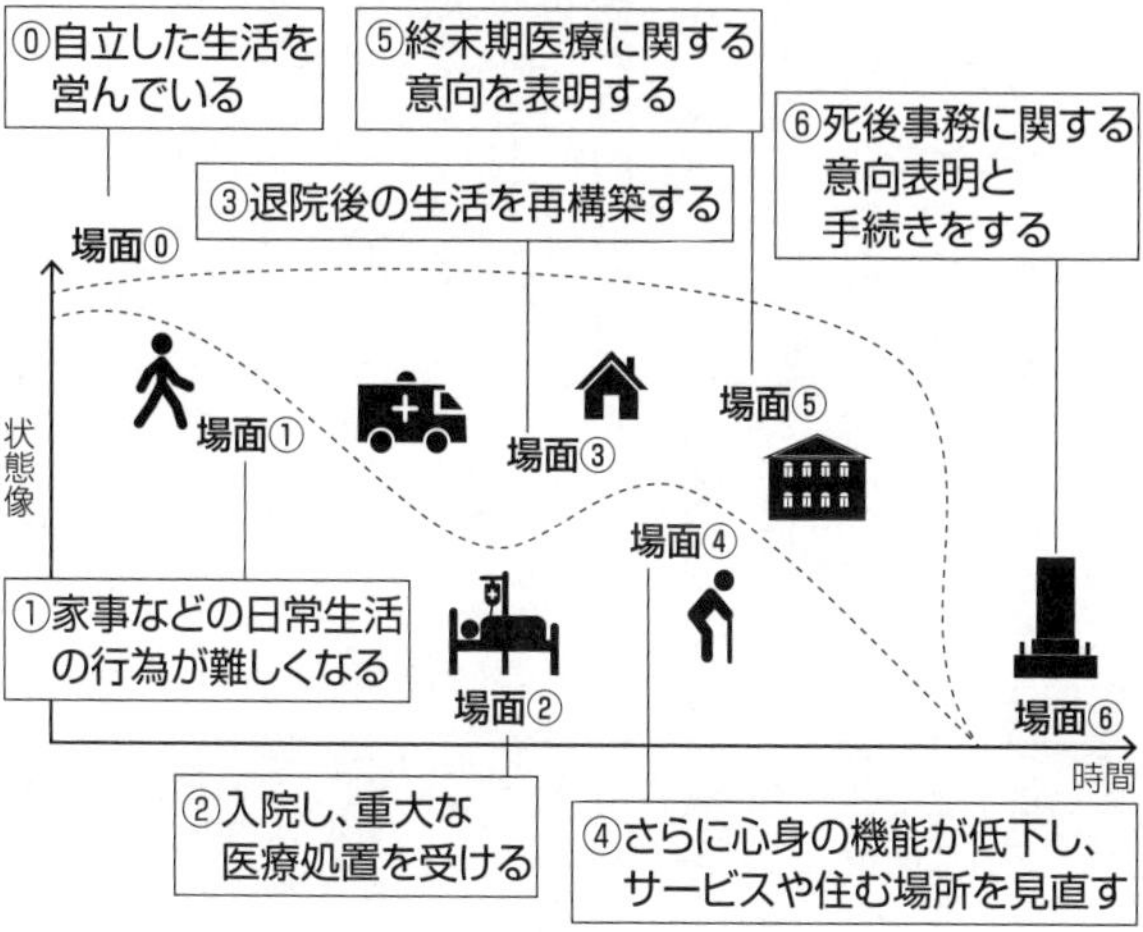

ここで、高齢期に私たちの身に起きる「老後の面倒」の全体像を見てみましょう。

図表2をご覧ください。この図は「老後の面倒」とは何なのか、時間の経過とともにどのようなことが起きうるのかを整理したものです。

年齢を重ねても、自立した生活を営むことができていれば、問題はありません。しかし、足腰が弱ったり認知症を発症したりすれば、誰しも「**①家事などの日常生活の行為が難しくなる**」可能性があります。

買い物、掃除、洗濯、公共料金の支払いなど、当たり前にできていたことができなくなれば、従来どおりの生活を営むのは困難になるでしょう。

また、病気になったりケガをしたりすれば**「②入院し、重大な医療処置を受ける」**こともあります。入院の手続きをしてくれたり、必要なものを病院に届けたりしてくれる人はいるのでしょうか？　命に関わる判断を迫られるとき、一緒に考えてくれる人はいるでしょうか？

無事に退院できることになっても、それまでと同じ生活ができるとは限らず、**「③退院後の生活を再構築する」**のに困る可能性もあるでしょう。

たとえば、歩くのもやっとという状態で退院となれば、「家がバリアフリーになっていなくて、とても暮らせない」「エレベーターのないアパートの4階に住んでいて、部屋にひとりでたどり着けない」という事態も考えられます。

いずれにしても、**「④さらに心身の機能が低下し、サービスや住む場所を見直す」**ことが必要になる場面は、誰でも直面しうると考えなくてはなりません。介護サービスの利用や高齢者向け住宅、介護施設などを一つ一つ検討しながら生活を見直していくのは、簡単なことではないのです。

いよいよとなれば**「⑤終末期医療に関する意向を表明する」**ことも迫られます。

すでに意識を失っている場合など、自分の意向を表明できなければ、「望んでいない延命治療を施《ほどこ》される」といった可能性もあるかもしれません。

自分の亡きあと、財産をこうしたいとか、葬儀や埋葬をこうしてほしいといった希望がある場合、誰にどのように託《たく》すべきでしょうか。

身寄りがない場合、介護施設や病院、家賃などの精算、遺体引き取りの手配、死亡届の提出、火葬、葬儀、埋葬、財産の相続、遺品整理、公共料金などの解約、自宅の処分といった「死後事務」に関しては、何も準備をしていないと、「誰がやるか」が明確ではない場合が多いといえます。

死んだあとのことなどどうでもよいという人もいるかもしれませんが、あらかじめ**「⑥死後事務に関する意向表明と手続きをする」**ことは、他人に負担をかけないようにするためにも必要なことです。

しかし「老後ひとり難民」になる可能性が高いことがわかっている人であっても、死後事務については何をどうすればよいかわからず、何の対策もできていないという人が多数派ではないかと思います。

行政の「老後ひとり難民」への対策は遅れている

本書で取り上げる「老後ひとり難民」の問題は、具体的なトラブルの報道も相次ぎ、急速に社会の関心を集めています。ところが、すでに多くのトラブルが起きているにもかかわらず、公的な制度はまったく追いついていないのが現状です。

身寄りのない高齢者とその周辺の問題について、国が公式に認識して対策に乗り出したのは、ごく最近のことです。

具体的に、私を含めこの問題を調査している人間が「大きな動き」としてとらえたのは、2023年5月の衆議院予算委員会の質疑でした。

この日の質疑の全文は「第211回国会予算委員会第16号の議事録」とネットで検索すれば、読むことができます。詳しく知りたい方は議事録で確認いただければと思いますが、自民党の坂井学衆議院議員から以下のような問題を指摘する質問がなされました（一部要約、割愛。傍線は著者による）。

「主に身寄りのない高齢者の課題について、程度の差はあっても、理解力や判断力が低下してくるケースが多い。その際に、家族の支援が得られないために困っているという事例が多数発生している。

介護保険導入時に導入された成年後見制度は、事前に準備をして利用できる場合は有効だが、実際の利用は認知症と診断された人の数に比べて一向に増えていないとも聞く。

頼れる家族もなく、一人で正常に意思決定もできない状況では、日常生活における現金管理、医療や介護サービスの利用、住まいの選択などで、誰かの支援が必要不可欠になる。特に、介護施設に入所する際には、緊急連絡先や身元保証人を求められるのが現状だ。

現在は、たまたま居合わせた介護支援専門員（ケアマネジャー）や、介護施設や病院の現場で働く職員たちが、本来の職務の範囲を超えて、ボランティア的に対応しているケースが多い。時間がかかるのに、料金は発生しないため、現場は限界状態に達している。

今後、頼れる家族がいない高齢者の増加が見込まれるなか、行政主導で対応する仕組みづくりを早急に進めていく必要がある。しかし、この問題は福祉、医療、法律など多岐にわたる分野に関係するため、課題を受け止めて統括する担当省庁も決まっていないのが現状。このことが、行政側が積極的に対応してこなかった一因かもしれない。

近年、この課題に対応するため、身元保証サービスを提供する民間業者も登場してきているが、サービスの質にはばらつきがある。民間サービスのガイドライン整備を含め、しっかりと管轄することも含めて、厚生労働省を担当省庁に定め、対策の検討と実施を進めるべきではないか」

これに対し、岸田首相は次のように回答しました（一部要約、割愛）。

「高齢者の単身世帯などの増加が見込まれるなかで、身寄りのない高齢者への対応は今後ますます重要になってくると見込まれます」

「これまで、高齢者の身元保証等のサポートを行う事業については、ケアマネジャーや施設職員等が事実上支援を行っており、一部の民間事業者がサポートを提供していると承知をしておりますが、適切な支援に向けて課題があると承知をしております」

「そこで、まずは厚生労働省を中心に、民間の身元保証等のサポートを行う事業等について、実態把握や課題の整理を行いたいと思います。その結果を踏まえて、必要な対策を政府としても講じていきたいと考えます」

この答弁のポイントは、首相から「厚生労働省を中心に」という発言があったことです。

従来、身寄りのない高齢者の問題については、統括する省庁が曖昧《あいまい》なままでした。

確かに問題の範囲が広いため、内閣府、厚生労働省、総務省、国土交通省、法務省、経済産業省、金融庁、消費者庁など多くの省庁が関わらなければならない問題ではあるのですが、どの省庁も主体的に取り組まないために、問題が先送りされがちであったという面もあるでしょう。「導火線に火がついた爆弾」を、省庁間で投げ合っていたような状態だったのかもしれません。

しかし岸田首相の答弁により、（ほかの省庁ではなく）厚生労働省が主体となって実態把握に乗り出すことが決定しました。

この答弁に対する世の中からの注目度は限りなくゼロに近かったかもしれませんが、高齢者問題に取り組む人々の間では「大きな一歩」だったわけです。

とはいえ、２０２３年にやっと「厚労省主体で実態把握に乗り出す」ことが決まっただけだともいえます。身寄りのない高齢者問題への国の対応は、大幅に遅れているといわざるをえません。

私自身、２０１７年にこの問題に関心を持ち始めてから現在まで、状況は悪化する一方だと感じています。この問題に対応すべき所管省庁が明確でないことは、引き続き大きな障壁《しょうへき》といえます。

また、「老後ひとり難民」を支える役割を期待される「身元保証等高齢者サポート事業者」は増えてきてはいるものの、零細な事業者がほとんどですし、安価な価格設定で運営せざるをえないケースも少なくないのが実情です。**経営基盤が脆弱《ぜいじゃく》で事業の継続も危ぶまれるような事業者では、安心して老後を任せることはできない**でしょう。

「身元保証等高齢者サポート事業者」などに自力でたどり着けない高齢者の場合、たまたまその高齢者に関わることになった介護や医療の現場の人々が、業務外のボランティアのような形で支援にあたっていたりするのです。

このような現状ですから、この問題の解決の道筋は、まだほとんど見えていない状態です。それどころか、長くこの問題について調査・研究を行ってきた私自身も、問題の全貌《ぜんぼう》を把握しているとはいえません。そもそも、全貌を把握できている人は誰ひとり、いないのかもしれません。

しかし、**すでに全国各地で日々トラブルが発生している状況であり、さらに今後はト**

ラブルが増えていくと見込まれることも考えれば、問題の全貌が見えるまで待つような時間的余裕もありません。

では、今後も「老後ひとり難民」が増えることが確実視される今、できることは何かと考えてみました。

少なくとも、まずはこの問題の現状を知り、危機感を共有すること。

そのうえで「今取りうる対策」について、ひとりでも多くの人がともに考えることには、意味があると思います。

そこで本書では、すでに問題に直面しかかっている人や、これから直面するかもしれない人、「老後ひとり難民」になりそうな親族を持つ人などに向けて、まず「どんなことが起きうるか」を整理したうえで、最新の情報をもとに、現状で取りうる対策をお伝えします。

さらに、今後社会が進むべき方向についても考えを述べたいと思います。

本書を通じ、日本社会が抱える大きな問題を共有し、将来的に問題に直面するかもしれない方々が、冷静によりよい選択をするための一助となれればと思っています。

第1章 高齢者を支える制度は、何を見落としてきたのか

2000年まで「介護」の概念は一般的ではなかった

「老後ひとり難民」の問題を考えていくための前提として、今の高齢者を支える「公的制度」について確認しておきましょう。

高齢者を支える公的制度として誰もが真っ先に思いつくのは、介護保険制度でしょう。健康保険や年金保険、雇用保険、労災保険などと並ぶ社会保険の一つとして介護保険がスタートしたのは、2000年のことでした。

皆さんは、介護保険制度が導入された当時、「介護」という言葉自体が〝新しい概念〟だったことをご存じでしょうか。

かつての日本では、寝たきりの高齢者などは、主に家族が世話をするか病院に入院し続けるケースが多かったのです。

いわゆる「老人ホーム」はありましたが、イメージが悪く、「そういった施設にだけは入りたくない」と考える人も少なくありませんでした。

しかし、治療の必要がない患者が長期間入院し続ける「社会的入院」は、医療費増大

の要因の一つとして無視できなくなっていました。

また、高齢化の進展にともない、ケアが必要な人を家族だけで支えるのが難しいケースも顕在化してきました。

こうした状況を受け、医療とは異なる「介護」という枠組みが作られ、介護を必要とする高齢者を支える仕組みとして介護保険制度が導入されたのです。

保険料を払っているのに「介護保険を使いたくない」という人たち

介護保険については、健康保険や年金保険と比べると、誤ったイメージを持つ人も少なくないように思います。

そもそも社会保険とは、加入者が保険料を支払うことで、病気やケガをしたとき、高齢になって収入を得るのが難しくなったとき、介護が必要になったときなどのような「困る場面」で必要な給付を受けられるというものです。

たとえば健康保険なら、原則として健康保険に加入している人は保険料を支払っており、医療機関にかかった際の費用の一部（通常は7割）を保険から給付してもらえます。

窓口で負担するのは3割です。

年金保険であれば、20歳以上60歳未満のすべての人が国民年金に加入して保険料を支払っており、老後は基礎年金を受給することができます。

保険料を払っているのですから、「健康保険は使いたくない」という人や「年金は要らない」という人はいないでしょう。

ところが介護保険となると、「介護保険を使いたくない」という人がいるのです。

介護については「誰かのお世話になる」というイメージがあるためか、「人の世話になるのは申し訳ない」「介護を受けるなんて恥ずかしい」といった気持ちになってしまうのかもしれません。

しかし、私たちは40歳から介護保険料を支払っています。健康保険や年金保険を使うのと同じように、介護保険を使うのは当たり前のことです。

病気になったりケガをしたとき、病院で健康保険を使って医療のプロフェッショナルから治療などを受けるのと同様、介護が必要になった場合は、介護保険を使って介護のプロフェッショナルから介護サービスを受けるものなのだということを知っておいたほうがいいでしょう。

介護保険を使うと、こんなサービスが受けられる

では、介護保険では具体的にどのような給付が受けられるのでしょうか。

実は、制度が設計された当時はさまざまな議論がありました。たとえば、年金保険で年金が給付されるように、介護が必要になった際に介護費用を現金で給付するというのも一つの考え方でしょう。

実際の日本の介護保険では、現金を給付するのではなく、民間事業者による介護サービスを給付する仕組みが採用されました。**利用者は、所得にもよりますが、原則として1割負担で介護サービスを利用できる**のです。

介護保険で受けられる給付には、大きく分けて①**居宅《きょたく》サービス**、②**地域密着型サービス**、③**施設サービス**、④**介護予防サービス**があります。

①の居宅サービスには、福祉用具の貸与・購入、訪問介護（ホームヘルプ）、訪問入

浴介護、訪問看護、通所介護（デイサービス）、通所リハビリテーション（デイケア）、短期入所生活介護（ショートステイ）などがあります。

たとえば訪問介護では、ヘルパーが自宅を訪問し、食事や入浴、排せつなどの身体介護や、掃除、洗濯、調理などの生活援助を行います。

通所介護では、デイサービスセンターなどの施設に通い、入浴、食事、レクリエーションなどのサービスを受けられます。

②の地域密着型サービスには、「小規模多機能型居宅介護」や「認知症対応型共同生活介護（グループホーム）」などがあります。小規模多機能型居宅介護は、通い、訪問、泊まりを組み合わせたサービスを、住み慣れた地域で受けられるのが特徴です。

認知症対応型共同生活介護は、認知症の方が少人数で共同生活をしながら、家庭的な環境のなかで介護サービスを受けられます。

③の施設サービスには、「介護老人福祉施設（特別養護老人ホーム）」や「介護老人保

健施設（老健）」、「介護医療院」などがあります。

特別養護老人ホームは、常時介護が必要で、自宅では介護が難しい方が入所する施設です。介護老人保健施設は、病状が安定し、リハビリに重点を置いたケアが必要な方が入所する施設です。介護医療院は、長期の医療と介護が必要な方が入所し、日常的な医学管理や看取り・ターミナルケア（緩和ケア）を受けられる施設です。

④の介護予防サービスは、要支援1、2と認定された方を対象に、居宅サービスや地域密着型サービスの〝介護予防版〟が提供されます。たとえば、介護予防訪問介護、介護予防通所リハビリテーション、介護予防小規模多機能型居宅介護などがあります。

これらのサービスが1割の費用負担で受けられるというのは、介護が必要な方にとって大きな支えになります。

「1割負担といっても、頻繁に使うようになったら払えるだろうか」という心配もあるかもしれませんが、利用者負担には上限が設けられています。**これを「高額介護サービ**

ス費」といい、所得に応じて上限額が設定されています。上限額を超えた分は、あとで払い戻されます。

また、施設サービスを利用する場合は食費と居住費（滞在費）は自己負担となりますが、低所得者に対しては食費・居住費の補助制度もあります。

介護保険サービスの利用者負担は、利用者の負担能力に応じて設定されており、過度な負担にならないよう配慮されているのです。

介護を知るうえでの重要なキーワード

医療や介護のことを知るうえで重要なキーワードとして押さえておきたいのが、「地域包括《ほうかつ》ケアシステム」です。

「地域包括ケアシステム」とは、医療サービスと介護サービスの連携に加え、生活支援や住まいの提供も視野に入れるという考え方です。高齢者が施設にいても自宅にいても、必要な医療・介護・生活支援を継続的に提供して、その人らしい生活を送れるようにすることを目指しています。

「病気だけでなく生活全体を考えること」「病院から自宅、あるいは自宅から介護施設へというように居場所が変わっても、切れ目のない支援をすること」を目指しているというと、少し理解しやすいかもしれません。

介護保険の運営をしている都道府県や市町村には、地域の特性に応じた、それぞれの地域包括ケアシステムを作り上げていくことが期待されています。

地域包括ケアシステムの考え方が生まれた背景には、**介護保険制度が施行されてから、認知症のある高齢者が多いことや、医療・介護の連携だけでは高齢者を支えるのが難しいとわかった**ことがあります。

介護保険制度の開始から3年後の2003年に、高齢者介護研究会が出した報告書（2015年の高齢者介護～高齢者の尊厳を支えるケアの確立に向けて～）で地域包括ケアシステムが提案され、2006年の介護保険法改正で介護保険制度に反映されました。

「地域包括支援センター」は何をするところか

この「地域包括ケアシステム」の中核的な機関として、2006年の介護保険法改正によって創設されたのが「地域包括支援センター」です。

「地域包括支援センター」という名前を初めて聞いたという方もいるかもしれませんが、自分のことであれ親などの親族のことであれ、主に高齢期の問題で困ったときに、まず相談すべき、介護保険制度の要《かなめ》となる機関の一つといえます。

自分が相談すべきセンターがどこにあるのかは「地域包括支援センター＋地名」で検索できますから、この「地域包括支援センター」という名前はしっかり覚えておきましょう。

ただし、自治体によっては、地域包括支援センターに愛称をつけているケースもあるので注意が必要です。「高齢者あんしん相談センター」「高齢者支援センター」「高齢者総合相談センター」などのほか、「長寿あんしん相談センター」「おたっしゃ本舗《ほんぽ》」などユニークな名前になっていることもあります。

ここで、地域包括支援センターとはどのようなところで、どんな役割を担っているのかを具体的に見ていきます。

地域包括支援センターの設置主体は市町村で、直営または委託により運営されており、日常生活圏域（おおむね中学校区）に1カ所の設置が目安とされています。

機能としては、①総合相談支援、②包括的・継続的ケアマネジメント、③介護予防ケアマネジメント、④権利擁護《ようご》、の4つの役割を担っています。

①の総合相談支援では、高齢者やその家族からの相談に応じ、必要な情報提供や助言を行います。介護だけでなく、保健、福祉、医療など幅広い分野の相談に対応するのが特徴です。

たとえば、**「最近、父の物忘れが激しくなってきた。どこに相談したらいいだろう」といった相談に対し、認知症の早期発見・早期対応に向けた助言や、適切な医療機関の紹介**などを行います。

②の包括的・継続的ケアマネジメントでは、地域の「ケアマネジャー」への支援や、関係機関とのネットワーク構築を行います。ケアマネジャーについては次項で詳しく説明しますが、要介護認定を受けた方やその家族からの相談に応じて、介護サービス計画の作成やサービス利用の調整を行う重要な役割を担っています。

たとえば、ケアマネジャーが困難なケースを抱えている場合、地域包括支援センターが相談に乗り、必要に応じて同行訪問をするなどして支援します。

また、医療機関や介護サービス事業所、民生委員など、地域の関係機関とのネットワークを構築し、連携体制を整えます。

③の介護予防ケアマネジメントでは、要支援認定を受けたり、要介護（要支援）状態になることを予防する必要があると判定された高齢者に対し、介護予防サービス計画（介護予防ケアプラン）を作成します。本人の意向を踏まえ、できる限り自立した生活を送れるよう、適切なサービスを組み合わせていくのです。

たとえば、「週に2回、介護予防デイサービスに通う」「月に2回、理学療法士による自宅での運動指導を受ける」といったプランを作成します。

④の権利擁護では、高齢者虐待《ぎゃくたい》の早期発見・防止、消費者被害の防止などに取り組みます。

たとえば、**高齢者虐待が疑われるケースでは、速やかに事実確認を行い、必要に応じて警察や法律家とも連携しながら対応**します。

また、悪質商法などの消費者被害を防ぐため、注意喚起や情報提供なども行います。

成年後見制度の利用が必要な場合は、制度の説明や申し立ての支援なども行います。

全国の地域包括支援センターの数は、2023年4月末時点で5431カ所となっています。

日本の市町村数は約1700ですから、ほとんどの自治体に複数の地域包括支援センターが設置されていることがわかります。

介護保険を使うときに必ず登場する「ケアマネジャー」とは

介護保険制度において、特に重要な存在といえるのが「ケアマネジャー」です。

ケアマネジャーは、要介護認定を受けた方やその家族からの相談に応じ、心身の状況や希望に合わせて適切な介護サービスが利用できるよう、ケアプラン（介護サービス計画）の作成やサービス利用の調整を行います。

ケアマネジャーは、正式には「介護支援専門員」と呼ばれる専門職で、主に地域包括支援センターや、居宅介護支援事業所で働いています。

ケアマネジャーがどのように介護サービスの利用に関わるのか、順を追って見ていきましょう。

まず、介護保険サービスを利用するには、要介護認定を受ける必要があります。本人や家族が直接申請することもできますが、地域包括支援センターのケアマネジャーに相談することで、スムーズに申請手続きを進めることができます。

要介護認定の申請を行うと、市町村の職員や委託を受けた認定調査員が自宅を訪問し、心身の状況などについてさまざまな質問をするなどして認定調査を行います。

その結果と、主治医の意見書などをもとに、介護認定審査会で要介護度が判定され、支援や介護が必要な場合、要支援1、2または要介護1〜5の認定を受けることができます。

認定結果が出たら、ケアマネジャーと相談しながらケアプランを作成します。ケアプランは、利用者の心身の状況や本人・家族の意向、主治医の意見などを総合的に判断して作成されます。もちろん、介護保険サービスの利用にあたっては、利用料の自己負担分の支払いも必要です。

具体的には、「どのようなサービスをどの程度利用するか」「サービスの目標は何か」「いつからサービスを利用するか」などを決めていきます。

たとえば、「週に3回、訪問介護を利用し、調理や掃除などの家事援助を受ける」「週に2回、デイサービスに通い、入浴や食事、レクリエーションを楽しむ」といった具合です。

ケアプランができたら、ケアマネジャーがサービス事業者との連絡や調整を行います。利用者とサービス事業者との間に立ち、サービス提供日時の調整や、具体的なサービス内容の確認などを行うのです。

たとえば、訪問介護事業者に連絡を取り、「○曜日の午前中に訪問してほしい」「掃除と調理を中心にお願いしたい」といった調整を行います。

サービス利用が始まったら、ケアマネジャーは定期的にモニタリングを行い、サービスが適切に提供されているか、利用者の状態に変化はないかなどを確認します。

必要に応じてケアプランの見直しも行います。たとえば、「要介護度が上がったので、デイサービスの利用回数を増やす」「体調が悪化したので、訪問看護を追加する」といった見直しです。

このようにケアマネジャーは、要介護認定の申請からケアプランの作成、サービス利用の調整、モニタリングまで、一連の流れを通して利用者を支援する専門職なのです。介護保険を有効に活用し、適切なサービスを受けるためには、ケアマネジャーとの連携が欠かせません。

ケアマネジャーを探す方法はいくつかありますが、地域包括支援センターに相談すれば、適切なケアマネジャーを紹介してもらえます。

ちなみに、「このケアマネジャーは自分と合わないな」などと感じた場合、別の人に**代わってもらうこともできます。**たとえば知人、友人、家族などですでに介護サービスを利用している人がいて「あのケアマネジャーさんは頼りになる」といった情報があれば、最初から直接その人に依頼することも可能です。

いずれにしても、ケアマネジャーを選ぶ際は、経験や専門性、人柄なども考慮することが大切です。気になる点があれば、事前に相談や面談を行い、相性のよいケアマネジャーを見つけるようにしたほうがいいでしょう。

介護保険は「面倒を見られる家族がいること」を前提に作られている

ここまでは、前提知識として「介護保険とは」「介護サービスとは」「地域包括支援センターとは」「ケアマネジャーとは」といったポイントをざっとご説明してきました。

押さえておきたいのは、介護保険制度スタートの際、理想の老後が「家族に看取られながら自宅で最期を迎える」ことだったという点です。

もちろん自宅で最期を迎えられないケースはあるものの、「地域包括ケアシステム」の理想のもとでは、少しでも長く自宅で生活を送り、息を引き取るまで地域のなかで支えることが前提とされていたといえます。

在宅介護が望ましいとされてきたのも、あくまでも家族が介護をある程度担うことが前提となっていたからです。介護保険制度は、家族がいることを前提に、その負担を軽減するための外部サービスの利用を想定して作られたものだったといえます。

つまり、**介護を担える家族がいないケースにおいて、要介護者の方にどのように対応するのか、十分に想定していなかったとも言い換えられます。**

現実には、家族がいない要介護者の方は少なからず、存在しています。さらに今後「老後ひとり難民」が増えていくとすれば、現在のような介護保険サービスでは対応できない場面が増加していくおそれがあります。

「介護保険があるから老後は安心」といえないワケ

高齢になり介護が必要になった際、真っ先に介護保険サービスの利用を検討すべきであることは間違いありません。介護保険は、社会を支える重要な役割を担っています。

しかし「介護保険があるから大丈夫」といえるのかといえば、残念ながらそうではありません。

まず、介護保険サービスを使うには、申請や契約が必要となります。

そのためには、まず本人や家族などが「介護保険サービスが必要だ」と判断しなければなりません。当たり前のことだと思われるかもしれませんが、**自分や身内の心身の衰えが少しずつ進んでいくなか、「今こそ介護保険サービスを利用すべきだ」という判断を的確なタイミングで下せるとは限りません。**

先に触れたように「介護？ 人の世話になるなんてとんでもない」といった考えを持っている方もいます。

また、介護サービスを利用するということは、家のなかにヘルパーさんなど他人が入ってくるということでもあります。「家に他人が入ってくるのはイヤだ」という高齢者は少なくないのです。

ましてや高齢期になると足腰が痛むなどで、部屋の片づけが以前のようにできなくなることも多々あり、赤の他人に散らかった部屋を見られたくないという気持ちにもなるのでしょう。

「介護保険サービスが必要だ」と判断できた場合、介護保険の利用を申請する必要があります。

具体的には、市町村の介護保険担当課や地域包括支援センターに連絡し、要介護認定の申請書を入手して必要事項を記入し、主治医の意見書を添えて市町村に提出します。

その後、認定調査員が訪問し、要介護認定を受けるという流れは42ページに書いたとおりです。

これらのステップを本人や家族などが進めることで、介護保険サービスの利用が可能になるわけです。

ひとり暮らしで頼れる身寄りがいない「老後ひとり難民」が、これらの申請や契約をひとりでこなすというのは、相当にハードルが高いといえます。

もちろん、地域包括支援センターなど適切な窓口にたどり着くことさえできればなんとかなると思いますが、身体《からだ》の自由がきかなかったり、認知症を発症したりしていれば、「窓口に相談しよう」という意思決定や実行が容易にできない可能性もあるはずです。

また、介護保険サービスが利用できるようになれば安心というわけでもありません。先にご説明したように、介護保険制度は、かつて家族が担っていた要介護者の「心身のケア」を、社会で共有するために作られたものです。その「心身のケア」には、要介護者の生活全般のマネジメントは含まれていないのです。

たとえば、**お金の管理や公共料金などの支払い、ペットの世話、庭木の手入れなどは、介護保険の対象外**です。また、通院の際のつき添いなど、日常生活に必要なさまざまなサポートも介護保険だけではまかないきれません。

介護保険サービスが提供しているのは、あくまでも「食事」「入浴」「排せつ」などの身体的ケアと、その周辺のサービスです。しかし、食事と入浴と排せつができれば生活が成り立つわけではありません。

結局のところ、生活全般のさまざまなマネジメントについては、誰かが別途、担う必要があるのです。

繰り返し述べているように、**介護保険はそもそも「面倒を見られる家族がいること」を前提に設計されています。**

しかし、核家族化や少子高齢化が進むなかで、家族の支援を受けられない単身高齢者は増加しています。こうした高齢者にとって、介護保険制度の対象外となる部分のサポートが受けられないことは、大きな課題になっているのです。

「老後ひとり難民」予備軍の「単身者」と「夫婦のみ」世帯は7割近い

介護保険の制度設計当初は、「介護保険外」のことは家族や地域が担うものという前提があったわけですが、その「家族や地域」の現実がどうなっているのか、いくつかデータを見ていきましょう。

図表3は、国立社会保障・人口問題研究所による「日本の世帯数の将来推計（2024年）」のデータです。

図表3　家族類型別一般世帯割合（世帯主65歳以上）

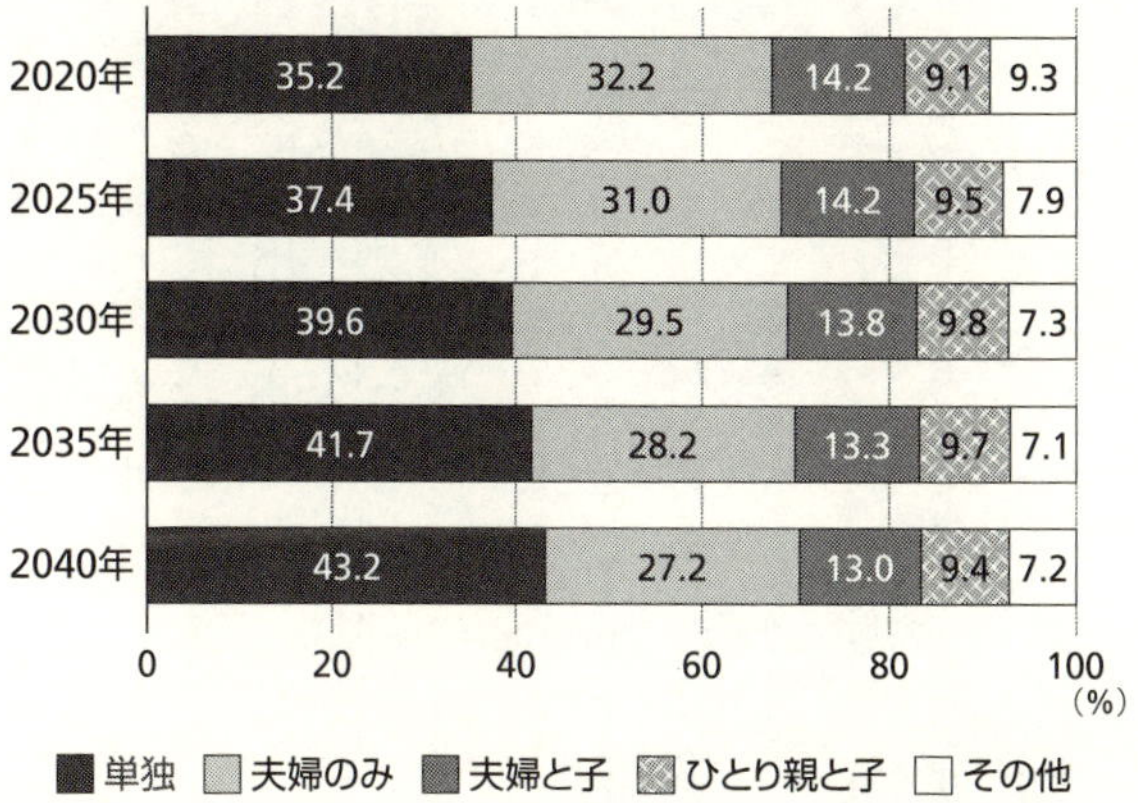

出典：国立社会保障・人口問題研究所
「日本の世帯数の将来推計（全国推計）」（2024年推計）

世帯主が65歳以上の世帯について、「単独」「夫婦のみ」「夫婦と子」「ひとり親と子」「その他」の5類型に分け、それぞれの割合を示しています。

２０２０年には「単独」の割合が35・２%、「夫婦のみ」の割合が32・２%。**高齢者だけで暮らす「単独」または「夫婦のみ」の世帯が、実に7割近くにものぼっている**ことがわかります。

「夫婦で暮らしているなら、さほど心配はいらないのでは？」と思う方もいるかもしれません。

しかし、高齢の夫婦２人暮らしは、一見普通に生活しているように見えても、実は大きなリスクを抱えています。

老老介護が何かと問題になっていますが、いずれかが亡くなれば独居になってしまいますし、夫婦で支え合っている状態では、どちらかが入院するだけでも、たちまち日常生活に支障が出ます。

たとえば、夫が車の運転を担っている場合、その夫が入院すれば、妻は車の運転ができず、外出が難しくなります。そうなると、入院中の夫へのサポートも十分に提供できないかもしれません。

妻が掃除、洗濯や食事の準備などの家事をすべて担っているという高齢者夫婦はめずらしくありませんが、いざ妻が入院すると、夫は自力ではご飯を炊くことさえできず、うろたえるケースも多々あります。

また、夫婦どちらも介護保険サービスを使うようになることも考えられます。先に一方が介護保険サービスを使っているとしても、もう一方が新たに介護保険サービスを使うとなれば、また介護保険の利用申請など一から手続きが必要です。

いずれにしても、高齢の夫婦だけの生活は、まるで薄氷《はくひょう》の上を歩いているようなものです。一見安定しているようでも、実際には日に日に氷が薄くなっていくのです。

子どもがいても遠方に住んでいる場合や、地域の人たちとの関わりが少ない場合など、夫婦2人だけの〝閉じた〟生活が続いている状態は、特に危険だといえます。

「世帯主が65歳以上の世帯のうち、7割近くが独居または夫婦のみ」というデータの怖さが伝わったでしょうか。

さらに総務省統計局の「令和2年 国勢調査」のデータからは、ほとんどの都道府県では人口が減少傾向にあることもわかります。

2015年から2020年までの5年間で、人口が増えたのは東京都、埼玉県、神奈川県、千葉県、愛知県、福岡県、沖縄県のみです。人口が増えている都県においても、単身世帯の割合は年々増加しています。

つまり、高齢者を支える「人」そのものが減っており、「人」が増えているエリアであっても、単身世帯の増加により「家族の支え合い」が期待しづらくなっているということです。

「形式的なつき合いを好む人」の増加で、頼る人がいない状況に

地域共生については、「令和5年版 厚生労働白書」で取り上げられているNHK放送文化研究所の調査に興味深いデータがあります。

同調査では、「親せき」「隣近所の人」「職場の同僚」とのつき合いについて、「形式的つき合い」「部分的つき合い」「全面的つき合い」のいずれが望ましいと考えるかを、1970年代から継続して調べています。この調査でのそれぞれの「つき合い」の定義は次のとおりです。

・**形式的つき合い**……親せきでは「一応の礼儀をつくす程度のつき合い」、隣近所の人では「会ったときに、挨拶する程度のつき合い」、職場の同僚では「仕事に直接関係する範囲のつき合い」。

・**部分的つき合い**……親せきでは「気軽に行き来できるようなつき合い」、隣近所の人では「あまり堅苦しくなく話し合えるようなつき合い」、職場の同僚では「仕事が終わってからも、話し合ったり遊んだりするつき合い」。

・全面的つき合い……なにかにつけて相談したり、たすけ合えるようなつき合い。

困りごとが生じたときに頼りになるのは「全面的つき合い」のある人だと考えられますが、データでは、「親せき」「隣近所の人」「職場の同僚」、いずれについても**「形式的つき合い」を望む人が右肩上がりに増え、「全面的つき合い」を望む人は右肩下がりに減少している**傾向がはっきりと示されているのです。

「独居老人の増加」と「ヘルパー不足」という負のスパイラル

本章で見てきたとおり、現在は介護保険制度が作られた当初と比べて、状況が大きく変化しています。

1947～1949年に生まれた、いわゆる「団塊の世代」も高齢となり、要介護者となる方は急増すると考えられます。この世代の方の場合、地方から首都圏への人口移動が進むなか、子どもが遠方に住んでいるなどで同居していないケースはめずらしくありません。

また、家族観も変化しており、親子間であっても互いに「あまり深く関わりたくない」「迷惑をかけたくない」と考える人も少なくありません。

「家族同士で面倒を見るのが当たり前」という時代は、すでに終わりつつあるのかもしれません。**このような家族のあり方の変化は、介護保険制度の創設当時、十分には予測できていなかった**のではないでしょうか。

さらに近年では「老老介護」だけでなく、「認認介護」という言葉もさまざまな場面で聞かれるようになりました。

100歳以上の「百寿者」は2000年には1万3000人ほどでしたが、2023年には9万2000人を超えるまでに増加しており、団塊の世代が100歳を迎える2047年には53万人に達するという予想もあります。

すでに私たちの身のまわりでは、70代の子どもが90代の親の介護をしたり、80代の高齢者夫婦間で介護し合ったりといったケースがめずらしくなくなっています。

介護保険制度は、長寿化によるこのような変化も、十分に織り込むことができていなかったのかもしれません。

また周辺の環境に目を転じれば、人手不足は年を追うごとに深刻化しています。

介護ヘルパーの有効求人倍率は2022年度に15・53倍でした。これは**ハローワークに登録して仕事を探している人1人に対して、求人が15件ある**ということを示します。つまり、求職者の数に比べて求人の数が圧倒的に多い状況です。

また、2022年度の「介護労働実態調査」によると、**訪問介護のヘルパーの平均年齢は54・7歳で、60歳以上が38・1%、このうち70歳以上が13・5%**でした。

人手不足と高齢化はあらゆる分野で見られる課題ですが、介護分野では特に大きな問題となっています。

さらにコロナ禍以降、人手不足の傾向は顕著になっており、介護保険サービスの十分な提供が担保されるのかについても注視していく必要があると思います。

高齢期の問題を考える際のベースとなる介護保険制度は、今さまざまな課題に直面しているのです。

第2章
公的制度からこぼれおちる「老後ひとり難民」たち

普通に暮らす高齢者がある日、突然「老後ひとり難民」になる

第1章では、高齢者を支える公的制度の中心である介護保険について、その機能と限界をご説明しました。

介護保険は、すべての人におとずれる「心身の機能の衰え」に対応するための大きな役割を果たしています。しかし、「介護保険があれば安心」というわけでもありません。

そして「プロローグ」でも少し触れましたが、高齢期に起きる問題は介護の場面に限りません。

多くの人が自分事として心配しているのは、おそらく「認知症になったらどうしよう」ということではないでしょうか。また、イメージしやすい老後の問題として、「老後資金が枯渇《こかつ》したらどうしよう」という心配もありそうです。

では、認知症のリスクが低く、お金の心配もないという人であれば、安心といえるでしょうか。

ひとり暮らしであっても自立した生活ができており、「現時点ではお金には困ってい

ない」という高齢者の方もいると思いますが、実はそのような人の生活にもさまざまなリスクが隠れています。

自分が「老後ひとり難民」になっていることに気づかされるのは、転んでケガをして動けなくなったり、病気で急に倒れたりして、病院に運ばれたときです。

入院する際、身元保証人になってくれる人がいないと、受け入れてもらえる病院が見つかるまで、たらい回しにされるケースもあります。

入院できたとして、家にある入れ歯や着慣れたパジャマを持ってきてくれる人はいるでしょうか。コンビニで払っている携帯電話料金は、誰が払いに行くのでしょうか。「甘いものが食べたい」と思ったとき、買ってきてくれる人はいるでしょうか。治療費や入院費の支払いはどうすればいいでしょうか。

親族のなかにそれらの対応をしてくれる人がいそうだと思っていても、倒れたときに意識を失うなどして意思表示できる状態になかったら、親族には誰がどのように連絡してくれるのでしょうか。

昔であれば、病院などが電話帳を調べて連絡できるケースも少なからずありましたが、近年では携帯電話の普及によって家に固定電話を置く人が減り、電話帳では調べられないケースが大半です。

本人の意識がない場合、「半年や1年に一度くらいは連絡を取り合う」という程度のつき合いの親族がいたとしても、スムーズに連絡がつかない可能性は高いはずです。

無事に退院できることになったとして、今までのように身体の自由がきかなくなっていたら、その後の生活はどうなるのでしょうか。

階段や段差が多い家に住んでいたりすれば、転居を考える必要が生じるかもしれません。

また残念ながら、入院しても亡くなってしまう場合もあるでしょう。そのとき死亡届を出したり火葬の手続きをしたりしてくれる人はいるでしょうか。

仮にいるとして、病院などから、確実に〝その人〟に連絡はつくのでしょうか。住んでいた家や財産は誰がどのように処分することになるのでしょうか。

近年、高齢のひとり暮らしの方が、本人が想定していなかったであろう最期を迎えたケースがニュースでよく取り上げられています。

例として、2024年3月、朝日新聞デジタルでは「身寄りなき最期と向きあう」というテーマで複数のケースを取り上げました。

たとえばボランティアで街路樹の剪定《せんてい》中に脳梗塞《のうこうそく》を発症し、高所から転落、右半身不随となった70代の独居男性の場合、男性には複数の兄弟がいたものの、支援を頼める人はいなかったといいます。

1200万円の預金を持っていたにもかかわらず、意思疎通ができないため市や病院がそのお金を使うことは難しく、結局、市の判断で生活保護を適用して医療費などを支払ったそうです。

同じ連載で私が取材に応じた記事では、80代の独居男性が買い物帰りに倒れ、心肺停止状態で発見されたケースが紹介されました。男性は病院に搬送《はんそう》後、意識が戻らず、数日後に亡くなりました。

婚姻歴はなく子どももおらず、いとこは関わりを拒否。海外に住む姪《めい》とは連絡がついたものの、火葬や納骨は市に一任されました。火葬の際には親族や知人の姿はなく、遺骨は一時的に市の職員が預かり、数カ月後に一時帰国した姪が同意書に署名した後、やっと納骨にこぎつけたそうです。

また2024年4月、NHKでは、元大学教授でひとり暮らしの高齢男性が自宅で倒れて亡くなった際、親族に連絡が取れなかったため自治体が火葬したのちに、無縁仏として埋葬し、数カ月後に車で10分ほどの近隣に住む弟夫婦がそのことを知った際には、遺骨を取り出すことさえできなくなっていたというケースも報道されました。

2024年6月10日放送のNHK「クローズアップ現代」によると、その高齢男性が亡くなる5日前にも、弟は会っていたとのことで、弟夫婦は自分たちへの連絡なしに火葬し埋葬した経緯について、京都市に説明を求めました。

京都市では葬儀を行う人がすぐにわからない場合、戸籍を調べて親族を探すようにしているとのことです。火葬をする前にその高齢男性の戸籍を調べたそうですが、載っていたのは亡くなった両親だけで、弟は結婚して別の戸籍となっていたため、名前はありませんでした。

弟の存在は古い戸籍には記載がありましたが、調査には時間がかかることもあり、京都市はそこまで行っていませんでした。

実際、**身寄りのない人が亡くなった場合の取り扱いについて、国の統一ルールがないため、判断は各自治体に任されており、対応がバラバラになっているの**です。

高齢夫婦2人暮らしというケースも含め、日常的な他者との関わりが少ない高齢者の周りには、さまざまなリスクが潜《ひそ》んでいます。自分は大丈夫だろうと思っている人のなかにも、「老後ひとり難民」化するケースがたくさんあるはずです。

第2章では「老後ひとり難民」化するケースについて、第3章では「老後ひとり難民」が亡くなった際にどのような問題が起きやすいかについて、詳しく見ていきます。

認知症の人は症状を隠そうとすることも多く、気づかれにくい

ひとり暮らしの高齢者が認知症を発症した場合、本人がそれを自覚できず、深刻なトラブルにつながることがあります。というのも、症状が軽い間は、周囲の人が異変に気づく可能性が低いからです。

たとえばあるケースでは、ひとり暮らしの高齢者が、日常的に利用していたコンビニにおむつから排せつ物が漏れた状態で来店したことをきっかけに、問題が発覚しました。ほかにもボヤを出したり、ゴミが家のなかからあふれ出たり、あるいは病気で倒れて病院に救急搬送されて初めて、認知症が判明するといった事例はめずらしくありません。

認知症患者は、症状を隠そうとすることも多く、特にひとり暮らしの高齢者の場合は、認知症が発覚するきっかけがなかなかないのが現状なのです。

いうまでもないことですが、認知症はお金に困っていない人でも教育水準が高い人でも発症する可能性があります。ひとり暮らしで日常的に他者との密な交流がない高齢者の場合、「周囲が気づかない間に認知症を発症していた」となるリスクを避けるのは難しいのです。

認知機能が低下して悪質で高額な商品を買わされ、貯金を失う悲劇

認知機能が低下した高齢者に多いのが、金銭管理の問題を抱えるケースです。

特に問題となるのは、必要以上の買い物です。たとえば冷蔵庫には食べかけの野菜や

お肉がたくさん残っているのに、そのことを忘れて、スーパーで食料を大量に買い込んでしまうのです。

健康食品の定期購入サービスに申し込み、次々に届く商品が大量に自宅に溜まるといったこともよく起こります。テレビのコマーシャルを見て電話で注文したり、訪問販売ですすめられるままに契約したりするのです。

まったく利用しない商品の定期購入はすぐにやめるべきですが、ひとり暮らしの場合は止めてくれる人もいません。子どもがいる方でも、遠方に住んでいると、異変に気づいたときには手遅れということもあります。

昨今はクレジットカードなどで簡単に買い物ができ、定期購入サービスなども利用しやすくなっているため、こうしたトラブルはますます増えていくことが予想されます。高齢者本人だけでなく、家族も注意が必要です。

ほかにも、高額な商品を購入させられ、貯金を失うといったケースもあります。

長年のつき合いがあって信用している金融機関の担当者からすすめられ、商品をよく理解しないまま何百万という大金をリスクの高い金融商品に注《つ》ぎ込んでしまったりすることあるようです。もちろん本人が「自分の意思で購入した」という場合もあり、被害と断定するのは難しいのですが、**リスク許容度を大きく超えて多額の資金を投じてしまっているケースなどは消費者被害**といってよいでしょう。

強引な訪問販売の被害にあったり、オレオレ詐欺にあうケースもあります。

認知症の場合、「認知機能が低下している」とはいえ、ある程度の判断力は残っているという方もたくさんいます。しかし、本人の意思決定を尊重するという理念だけで対応することが果たして正しいのか、周囲にとっても判断が難しい場面が続きます。

判断能力が衰えたときのための「成年後見制度」

判断能力が衰えた高齢者を支える公的な仕組みとしては、主に「成年後見制度」と「日常生活自立支援事業」があります。

成年後見制度は、認知症、知的障害、精神障害などの理由で判断能力が不十分な人を保護し、支援するための法的な制度です。

この制度では、家庭裁判所が選任した成年後見人が、本人の代わりに契約を結んだり、財産の管理を行ったりします。

成年後見制度は大きく2つに分けられます。

一つは「法定後見」といって、すでに認知症が進むなどで判断能力が低下している人が家庭裁判所に「支援する人をつけてほしい」と申し立てる制度です。申し立ては本人だけでなく、家族や市町村長もできます。

裁判所は本人の状態を確認し、司法書士や弁護士などの専門家や家族を「法定後見人」として選びます。

もう一つが「任意後見」で、現時点で判断能力に問題はないにしても、将来的に判断能力が衰え、財産の管理ができなくなったときに備え、自分をサポートしてくれる人をあらかじめ選んでおく制度です。

実際に判断能力が不十分になってきた場合に、家庭裁判所で任意後見監督人（任意後見人が契約どおり適正に仕事をしているかを監督する人）が選任されて、初めて任意後見契約の効力が生じます。

成年後見制度が創設されるまでは「禁治産《きんちさん》制度」や「準禁治産制度」がありましたが、これらの制度は判断能力が不十分な人の人権への配慮に欠ける面がありました。

そこで自己決定を尊重するという理念のもと、介護保険制度の創設と同時に、現在の成年後見制度が導入されたという経緯があります。

同制度では、判断能力の程度に応じ、「判断能力が欠けているのが通常の状態の人」には成年後見人を、「判断能力が著しく不十分な人」には「保佐人《ほさにん》」を、「判断能力が不十分な人」には「補助人」をつけられることになっています。

「法定後見人」や「任意後見人」などの成年後見人がつくと、本人の意思を尊重しながら、契約の締結や財産管理、身上保護を行ってもらうことができます。身上保護とは、医療・介護サービス等の契約や施設への入退所の手続きなど、本人の生活に関わる事務のことです。

成年後見制度が、判断能力の衰えがある方の支えとなることは間違いありません。

ただし、一度利用を始めると、簡単にはやめられません。また、成年後見人等への報《ほう》

酬《しゅう》の支払いも必要となります。このため、利用を躊躇《ちゅうちょ》する人は少なくありません。

成年後見制度はどんなふうに利用されているのか

最高裁判所事務総局家庭局が発表している「成年後見関係事件の概況」というデータがあります。

このデータで成年後見申し立ての理由の推移を見ると、「不動産処分」「相続手続き」「保険金受取」に関する申し立ては少数にとどまる一方、「預貯金等の管理・解約」「身上保護」が申し立ての主な理由となっており、特に身上保護を理由とする申し立ては、大きく増加傾向にあることがわかります（図表4参照）。

次に、成年後見制度利用開始の申立人と本人の関係の推移を示したデータを見てみましょう（図表5参照）。

平成20年に最も多かったのは子どもによる申し立てでしたが、その割合は減少傾向にあることがわかります。

一方で増加しているのは、「市町村長による申し立て」と「本人による申し立て」です。

図表4　成年後見制度　申し立ての動機

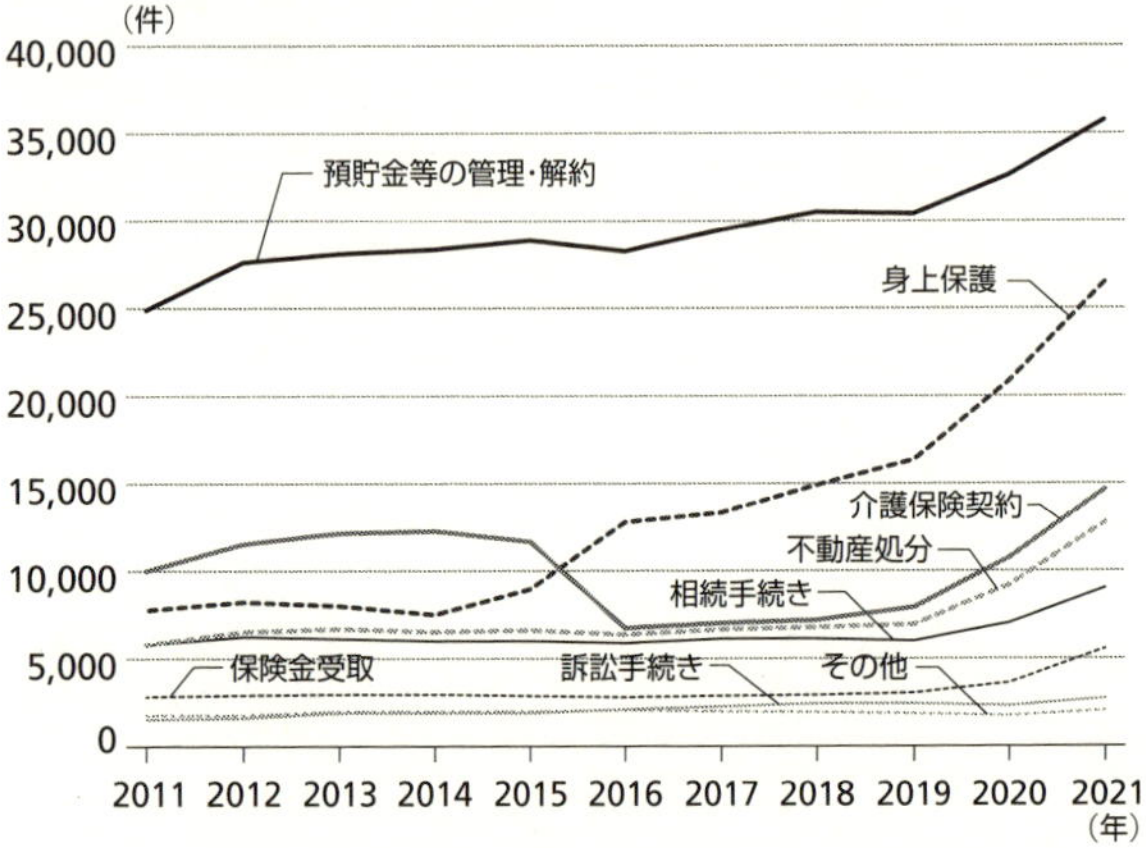

出典：最高裁判所事務総局家庭局「成年後見関係事件の概況」

図表5　成年後見制度／申立人と本人の関係

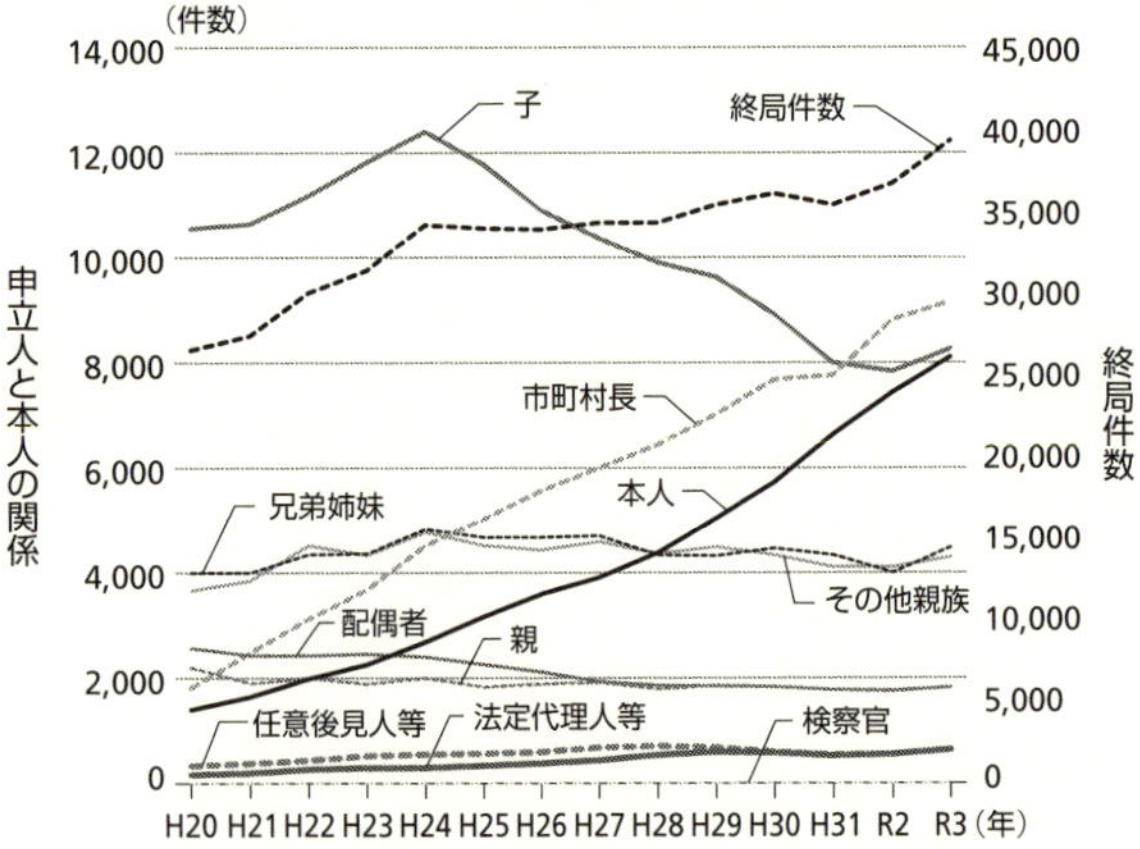

出典：最高裁判所事務総局家庭局「成年後見関係事件の概況」

身上保護を理由とする申し立てが増えているのは、**背景に認知症高齢者の増加**があるのでしょう。

また、**市町村長や本人による申し立てが増えているのは、申し立てをしてくれる身寄りがいない「老後ひとり難民」が増えているため**だと推測されます。

「日常生活自立支援事業」を利用できる人は限られる

「日常生活自立支援事業」は、判断能力が十分ではない人が地域で自立した生活を送れるよう、福祉サービスの利用援助や日常的金銭管理などを行う制度です。主に「社会福祉協議会（社会福祉法に基づく社会福祉活動推進を目的とした非営利民間組織。通称「社協」）」が実施しています。

預金の出し入れ、公共料金の支払い、日用品の購入などのサポートもしてもらえるため、認知症の高齢者も活用できる可能性があります。

ただし、日常生活自立支援事業を利用するには「契約の内容について理解できること」「制度の利用を希望していること」「制度の利用が必要と認められること」という条件があります。つまり、**契約の内容を理解できるくらいには判断能力がある人が対象と**いうことです。

成年後見制度を検討するほど判断能力が低下していない人も利用できる点や、一時的にサポートを受けたい人にも向いている点はメリットといえますが、認知症の高齢者が誰でも利用可能というわけではないことに注意が必要です。

また、現状ではニーズに対して提供体制が十分ではないのが実情です。利用までに待機を要することも少なくありません。

利用料についても、課題があります。生活保護受給者は無料で利用できますが、そうでない人は1回の訪問につき1200円前後の自己負担が発生します（サービスを実施する社協により異なる。訪問1回あたりの利用料の平均が1200円）。

「日用品の購入をしてもらうために1200円払うのはイヤだ」などと感じる人もいるのでしょう。自己負担の発生は、利用を控える原因になっているようです。

このように、判断能力が低下した人をサポートする制度は選択肢が限られており、使い勝手もよいとは言い難く、必要な人に十分に利用されていないのが現状です。認知症が進み、トラブルが表面化して地域包括支援センターなどにつながることができれば、そこで何らかの手は打たれるでしょう。

しかし認知機能がおぼつかない状態で、ひとりで在宅で生きていくことについて、理想的な解決策があるわけではありません。

生活保護受給者の55%以上が65歳以上

「老後にお金が足りなくなったら……」と心配する人は多いでしょう。もちろん、最終的には生活保護という公的制度があります。

「生活保護は受けたくない」と思うかもしれませんが、先にご紹介したニュースの事例のように、十分な預金を持つ「老後ひとり難民」が病院に搬送され、意思疎通ができない場合に、生活保護制度を利用して医療費が支払われるケースもあるなど、八方塞《はっぽうふさ》がりとしか思えないような場面で活用されることもあります。

一方で、厚生労働省が２０２４年3月に発表したデータによると、すべての生活保護受給者において65歳以上の割合は55％以上となっており、高齢者の比率が高いことがわかります。

そもそも、生活保護とはどのような制度なのかを見ておきましょう。


生活保護制度は、生活に困窮する方々の最低限度の生活を保障し、自立を助けることを目的とした公的扶《ふ》助《じょ》制度です。

生活保護を受けると生活費が支給されるほか、「医療扶助」により医療機関での診察や薬における自己負担がなくなります。**介護が必要な方であれば、介護保険サービスを利用する際の自己負担分も、原則として「介護扶助」によりすべてまかなわれます。**

経済的に困窮している方々にとっては非常に重要なセーフティネットであり、特に身寄りのない高齢者にとっては老後の生活を支える最後の砦《とりで》として大切な制度といえます。

生活保護における〝キーパーソン〟とは

生活保護制度について理解するには、「ケースワーカー」の存在にも目を向ける必要があります。

ケースワーカーは、生活に困窮している人からの相談に乗り、生活保護の申請を受けつけ、申請者の生活状況、資産、収入などを詳しく調査し、生活保護を受ける要件を満たしているかどうかを判断する役割を担います。

さらに生活保護の受給が決まれば、ケースワーカーは受給者ひとりひとりの状況に合わせて、現金支給、医療扶助、住宅扶助、就労支援など必要な支援を提供します。

また、受給者ができるだけ自立できるよう、生活や仕事に関するアドバイスや指導を行うこともケースワーカーの仕事です。

ケースワーカーには、社会福祉主事任用資格を持つ公務員、社会福祉士や精神保健福祉士などの国家資格を持つ専門職の人が就くのが一般的です。

社会福祉に関する専門知識とスキルを持ち、行政機関の職員として公正な立場で業務を行うことが求められており、生活に困っている人々への支援の要となる存在といっていいでしょう。

実務の場面では、ケースワーカーは生活保護受給者のさまざまな問題に対応しています。本来の業務外の役割を担うことも少なくありません。

以前お話を聞いたケースワーカーさんは、生活保護受給者の看取りや納骨、住んでいた家の片づけなども必要に応じて行っているといっていました。

実のところ、「老後ひとり難民」の問題の多くは、生活保護受給者となって、ケースワーカーがつくことによって対処可能になります。

もちろん、生活保護受給者になるのは困窮状態になることを意味しており、それ自体は辛いことに間違いありません。

しかし、生活保護を受給できれば医療費の心配がなく、緊急時に入院を拒まれるおそれは小さくなります。住宅扶助が出るため、賃貸住宅に住んでいる人の場合は、貸主にとっても安心材料となることは間違いありません。

また、自治体とのつながりができることによって、看取りや火葬などもスムーズに対応してもらえる可能性が高くなります。**「老後ひとり難民」のなかでは、ある意味で「恵まれている層」だともいえる**かもしれません。

大半の人が知らない「老後ひとり難民」の本当のリスク

老後の問題として思いつきやすそうな「認知症」と「老後資金不足」について見てきましたが、「判断能力はしっかりしている」「お金ならさほど心配ない」という場合でも、「あとは介護サービスさえあれば大丈夫」とはいえません。

第1章でも触れましたが、高齢期の問題として、食料品の買い物などの日常生活に必要な行為が難しくなることがあげられます。

ここでいう「日常生活」とは、本当にちょっとしたことの積み重ねです。食料品の買い物だけでなく、たとえばゴミ出しや掃除、洗濯などの家事ができて、初めて「日常生活」は成り立つのです。これらができなくなれば、生活の質は少しずつ下がっていってしまいます。

高齢者の日常生活における困難はさまざまですが、買い物難民の問題は深刻です。

農林水産省が発表している「食料品アクセスマップ」（2015年）によれば、自宅から「食肉、鮮魚、果実・野菜小売業、百貨店、総合スーパー、食料品スーパー、コンビニエンスストア」等の店舗まで500メートル以上あり、自動車利用困難な65歳以上高齢者を「食料品アクセス困難人口」として推計した結果、食料品の買い物が困難な高齢者が2015年時点でも824万人にのぼります。

75歳以上の高齢者に限れば535万人、実に「3人に1人」は食料品の買い物に困難を抱えていることになります。

また、国立社会保障・人口問題研究所の「生活と支え合いに関する調査」(2019年)によれば、高齢の独居男性では約3割が、日常的な「ちょっとした手助け」さえ頼める人がいないと回答しています。

これが**「介護や看病の際に頼れる人」となると、そのような人がいない割合は、高齢の独居男性の約6割にのぼります。**

「夫婦のみ(どちらかが高齢者)」の世帯や高齢者以外も含む複数人世帯でも、介護や看病の際に頼る人がいないという回答が3割ほどにのぼり、より手間のかかる支援を必要とする場面で、頼れる人が不足している実態が浮き彫りになっています。

介護保険に含まれないサービスが普及しない理由

日常生活を維持するためのさまざまな行為が難しくなってくれば、何らかの形で支援してもらう必要があります。

候補の一つとなるのは、介護保険サービス事業者が提供する「保険外サービス」や「自費サービス」と呼ばれるメニューです。

たとえば、訪問介護事業者が提供する保険外サービスとしては、家事代行サービスがあげられます。

掃除、洗濯、調理、買い物代行など、日常生活に必要な家事全般を支援するもので、介護保険の対象となる身体介護や生活援助がケアプランに基づいて時間や内容が決まっているのに対して、より幅広い生活支援を提供します。サービス内容や料金設定は事業者ごとにさまざまです。

これらの保険外サービスについては、ケアマネジャーがどのように関与できるかという問題があります。

第1章でご説明しましたが、ケアマネジャーは、複数の介護保険サービスを提供する事業所に所属している方であるケースが少なくありません。だからこそ、その事業者が介護保険外のサービスも提供している場合、それを利用者にすすめることもできるはずですが、実際にはそのような提案は積極的にはなされていないようなのです。

理由の一つは、**介護保険の範囲を超えるサービスは、利用者が全額自己負担（10割負担）する必要がある**ことです。介護保険サービスの自己負担（1～3割）に比べて、全額自己負担では費用がかさみがちになります。

介護保険サービスの自己負担額と比べると、どうしても「高すぎる」と感じやすいので、利用者としても「使ってみよう」という気持ちになりにくいのでしょう。

そのことをよく知っているケアマネジャーとしては、保険外サービスは提案しづらいのかもしれません。

また、ケアマネジャーは、利用者の希望やニーズに合わせて適切なサービスを組み合わせるのが仕事です。自分が所属している介護保険サービス事業者のサービスばかりをすすめると、利用者本位ではなく、営業活動をしているような印象を与えかねないと考える人もいるでしょう。

実際、ケアマネジャーが自社サービスを不適切にすすめていないかが問題になるケースもあり、ケアマネジャーとしては、そうした疑念を持たれることは避けたいのではないかと思います。

さらにいえば、ケアマネジャーが積極的に介護保険外のサービスをすすめて契約に至ったとしても、それが自分の収入に直結するわけではありません。そのため、利用者のニーズがあっても、積極的に提案しないケースもあるのかもしれません。

「老後ひとり難民」の介護保険利用者のなかには、「多少お金を出しても構わないのでケアマネジャーにすべてを任せられたほうが安心できる」という人や、「介護保険内のサービスだけでなく、それ以外の生活支援まで含めてトータルでサポートしてくれるほうがよい」と感じる人もいるでしょう。

しかし、さまざまな事情から、介護保険外のサービス利用はなかなか進まず、そういったメニューを提供する事業者もあまり増えていません。

結局のところ、日常生活が立ち行かなくなったとき、取れるすべはあまり多くないというのが現状なのです。

「老後ひとり難民」が直面する「保証人」という重大な問題

「老後ひとり難民」が、いずれ直面せざるをえないのが「身元保証」の問題です。

高齢期は、心身機能の低下にともなって、入院や転居、施設入所など「居場所の移動」が避けられない場面が多くあります。

そして、このような場面では、一般に「身元保証人」が求められます。高齢者の身元保証人が、大きな問題として浮上しやすいのはこのためです。

実は、ここからご説明していく身元保証には、法的な裏づけや明確な定義がありません。

「保証人」と聞くと、一般には「支払いが滞《とどこお》ったときに代わりに払う義務を負う人」といったイメージがあるかもしれませんが、高齢者が身元保証を求められる場面では、保証人に対する期待は必ずしも金銭の支払いに限られておらず、その中身は多様です。

この曖昧さが、問題をより複雑にしているといえます。

高齢期に身元保証人が求められる主な場面は、入院するときと、介護施設や新しい賃貸住宅などに移るときです。

身元保証人がいないと、金銭面での未払いリスクに直面しますし、入院先では意思疎通ができなくなった場合に治療計画が決められなかったり、死後の手続きができなくなったりします。

身体が不自由になったときに、身のまわりの世話や退院時の手続きができないリスクもあります。

厚生労働省の「医療現場における成年後見制度への理解及び病院が身元保証人に求める役割等の実態把握に関する研究」（2018年）によれば、全国の医療機関を対象に行われた調査において、医療機関の65％が入院時に身元保証人等を求めており、「身元保証人がいない場合は入院を認めない」と回答した医療機関は8・2%でした。

医療機関が身元保証人に求める役割は、「入院費の支払い」が87・8%と最も多く、次いで「緊急の連絡先」が84・9%、「債務の保証」が81・0%などと続きます。

このほか「本人の（退院時の）身柄引き取り」「医療行為の同意」「（本人死亡時の）遺体・遺品の引き取り」「入院診療計画書の同意」などもあげられており、期待される役割が幅広いことがわかります。

そもそも身元保証人は本当に必要か

なぜ、身元保証人が求められるのでしょうか。

高齢者が入院した場合、病状の悪化や認知機能の低下のため、治療方針について本人の意思を確認することが難しいケースがあります。そのようなとき、身元保証人には、本人の意思決定を支援したり、本人のこれまでの考え方や意向など、治療チームが方針を検討するのに必要な情報を伝えることが求められるのです。

また、病状が悪化して延命治療が必要になった場合なども、本人の意思を推測するための情報提供や、本人の意思伝達などの支援が重要な役割となります。

さらに、入院中の日常的なケアについても、身元保証人の助けが必要となることがあります。

病院内でのつき添い、差し入れ、洗濯物の交換など、家族がいれば当然サポートしてもらえるようなことも、「老後ひとり難民」の場合は、誰がやるのかが問題になるからです。

つまり、医療機関が求めているのは、「本人が自ら行えないことを、代わりに行ってくれる人」なのです。

単に金銭的な保証人というだけでなく、本人に代わってさまざまな役割を担ってくれる存在が必要とされていると考えたほうがいいでしょう。

金銭についても、お金がなくて支払えないことよりも、お金を口座から引き出して支払うという手続きができないことへの懸念が大きいといえます。

なお、身元保証人のような役割を果たす人は確かに必要ですが、保証人として署名できる人がいなければ入院が認められないというのは、やはり問題があるととらえられています。

このため国や自治体は医療機関に対し、身元保証人がいないことだけを理由に入院を拒否してはいけないという通知を出したり、身元保証人がいない場合の医療機関の対応のガイドラインを示したりしています。

しかし日々の医療の現場では、身元保証人の役割を担う人が欠かせないこともあり、ガイドラインが現場の対応に反映されているとは言い難い状況が続いています。

介護施設などへの入居の際も、事情は同様です。みずほ情報総研の「介護施設等における身元保証人等に関する調査研究事業」(2018年)で行われた調査では、介護保険施設や認知症グループホーム、養護老人ホーム、軽費老人ホーム、有料老人ホームなどの**高齢者向け施設のうち、95・9%が、契約時に本人以外の署名を求めていました。**

署名者に期待する役割は「緊急時の連絡先」が93・1%と最も多く、次いで「遺体・遺品の引き取り」が90・4%、「入院手続き」が88・4%、「施設利用料金の支払、滞納の場合の保証」が88・2%となっています。

これらの結果から見えてくるのは、介護施設などが身元保証人に求めているのは、施設利用料金の支払い以外は、「入居者に何かあったときの対応」だということです。**入居者の体調が悪化して病院への入院が必要になったとき、あるいは亡くなったときなど、施設の通常業務の範疇《はんちゅう》を超える事態が発生した際に、施設に代わって対応してくれる人が必要**なのです。

高齢者が賃貸契約を断られる問題は解消できるか

賃貸住宅への入居については、高齢者の入居に対する貸主の理解が得にくいことが大きな課題となっています。

貸主側としては、賃貸物件内で孤独死となるおそれや、認知症などによるトラブルなどが無視できないリスクになるからです。

実際、高齢者による火の不始末が原因で火災が発生したり、ゴミ屋敷化したりするケースや、亡くなった場合は残された家財道具の撤去を行う人がいないというケースもあり、貸主の負担が大きくなってしまう事態は後を絶ちません。

そのため賃貸住宅の契約時にも、家賃滞納時の対応はもちろんのこと、借主である高齢者本人では解決が困難な問題が発生した際の対応を担ってくれる存在として保証人が求められるのです。

賃貸契約の身元保証については、公営住宅でさえ長年にわたり契約の雛形《ひながた》に保証人の条項があったほどで、その問題は根深いといえます。

しかし最近では、賃貸契約の保証人の問題が国交省や厚労省、法務省で共通課題として認識・議論されるようになっています。

2021年には、賃貸借契約の解約と残った家財の処理に関して「死後事務委任契約」を締結しておくための「モデル契約条項」も公表されました。

現場の判断としては、高齢者の入居を断るほうが話が簡単であり、なかなかモデル契約条項の存在が周知されないといった問題はありますが、このモデル契約条項を実際に契約書に盛り込むことができれば、貸主として懸念される「賃借権が相続されてしまい、相続人が明確にならないと解約の話もなかなか進まない」「残った家財を勝手に処分するわけにいかず、部屋を片づけられない」といった大きな問題の解消につながります。

また2024年3月には、住宅セーフティネット法の改正案も閣議決定されました。

住宅セーフティネット制度は高齢者や低所得者など、住宅を確保することが難しい人を「住宅確保要配慮者」として、賃貸住宅への円滑な入居を促すものです。

今回の改正では、NPO法人や社会福祉法人等の「居住支援法人」が、入居後の見守りや安否確認サービス、福祉サービスへのつなぎといった支援を提供する「居住サポート住宅」の認定制度が創設されました。

住宅を借りるときだけでなく、入居後も継続的に支援者がいることによって、本人も貸主も安心できるというものです。

また、相続が発生せず、入居者の死亡により契約が終了する「終身建物賃貸借契約」が利用しやすくなるほか、居住支援法人が入居者からの委託により、死亡後の残置物《ざんちぶつ》処理（住居の片づけ、撤去）を担えるようにもなっています。

今後、高齢者の増加にともない、貸主が高齢者を避けて入居者を探すことは難しくなっていくはずです。法整備も進むことにより、賃貸住宅契約時の問題が縮小していく可能性はありそうです。

身元保証を求められなくなっても、問題は解決しない

各場面について見てみると、身元保証人に期待される役割が非常に広範であることがわかります。

従来「家族がやってきたこと」を一体的に引き受けるという意味で、「身元保証人＝キーパーソン」と考えたほうがいいでしょう。

キーパーソンとは、医療や介護等の現場で「家族のなかで、必ず連絡が取れて対応できる人」の意味で使われてきた言葉です。

医療機関への入院や介護施設への入所の際、慣習として、本人以外の身元保証人や身元引受人などの署名を求められることがよくあります。

このような場面では、主に配偶者や子どもなどの親族が身元保証人となることが想定

されていますが、場合によっては「配偶者は不可」とする条件がつけられていることもあります。

このため、身元保証人を頼める親族がほかにいない場合、入院や入所を断られるリスクがあります。

核家族化や未婚化、少子化などの影響を考えれば、今後、身元保証人を頼める人がいない高齢者はさらに増加すると予測されます。

このような危機的状況を受け、「身元保証人を求める慣習はなくすべきだ」という人もいます。しかし、話はそう簡単ではありません。

私は、身元保証人が求められなくなったとしても、問題は一朝一夕には解決しないだろうと思っています。なぜならば、「老後ひとり難民」が直面する困難は「入院や入所のときに身元保証人がいないこと」だけではないからです。

本当の問題は、老後のさまざまな場面で、寄り添い、支えてくれる人がいないことでしょう。

医療や介護が必要になったとき、重大な意思決定が求められるとき、亡くなるとき、そして亡くなったあとに生じるさまざまな問題を解決するには、高齢者を支援したり、ときには代わりに問題を解決したりする人の存在が不可欠です。

そのような存在がいないと、高齢者の〝生活の質〟や〝死の質〟を保つことは非常に難しくなります。

しかし、そのような伴走的な支援を当然のように提供してくれる人を見つけることは、今や誰にとっても簡単ではありません。

平均寿命の延伸により「老後」が長くなるなか、配偶者や子が先立つケースもめずらしくなく、「必ず支えてくれる誰か」を確保するのは容易ではないのです。

また、離婚や未婚が増え、既婚であっても子どもをもたないケースもあるなど、家族構成の多様化もこの問題を複雑にする要因の一つといえます。

ライフスタイルの多様化により、家族や地域のしがらみにとらわれることなく、人生の選択肢を自由に選べるようになったことが、個人の幸福追求につながっていることは確かでしょう。自分らしい生き方を選択できることは、とても価値のあることです。

しかし、それは同時に、助けが必要なときに頼る人がいない状態に陥るリスクとも、表裏一体なのです。

身元保証は「老後ひとり難民」問題の大きな構成要素

こうした背景があって生まれたのが、家族に身元保証人を頼めない人や頼みたくない人のために、有償でサポートを提供する「身元保証等高齢者サポート事業」です。

「身元保証等高齢者サポート事業」は、単に身元保証人がいないという問題だけでなく、老後のさまざまな場面で寄り添い、支援してくれる人がいないという問題の解決を目指しています。

ただし「プロローグ」で触れたように、このサービスについては、監督官庁がないことや、過去に大手の事業者が倒産したことなどから、利用に慎重な意見もあります。

しかし高齢化の進展にともない、このようなサービスの需要は、今後ますます増加すると見込まれます。そして利用者保護の観点から、サービスの質の担保や事業の健全な運営が強く望まれます。

「身元保証等高齢者サポート事業」については、第4章でより詳しくご説明します。

なお「身元保証等高齢者サポート事業」については、利用するほどの余裕がない高齢者も数多くいます。認知症などで判断能力がないということであれば、市町村長の申し立てにより成年後見人をつけるという選択肢がありますが、「判断能力はあるが、お金がない」場合は、利用できる手段が少ないのが現実です。

「人生100年時代」を迎え、「老後ひとり難民」も含めて誰もが安心して老後を過ごせる社会を実現することは、私たちに課せられた喫緊《きっきん》の課題といえます。身元保証の問題は、その重要な要素の一つなのです。

「私はひとりで問題ない」が通用しなくなるとき

「最後までひとりで問題なく暮らしたい」というのは多くの人の願いでしょう。

しかし、実際にはどこかで必ず何らかの問題が生じるものです。

高齢者の間では、「ピンピンコロリ」という言葉がよく使われます。もともとは寝たきりにならないよう運動を推進するために使われるようになった言葉なのですが、私は「ピンピンコロリは思考停止ワード」だと思っています。

「自分はピンピンコロリで逝きたい、死んだらそのあたりに骨をまいてくれたらいい」と潔《いさぎよ》さを強調する人もいます。ですが、「ピンピンコロリ」は選ぶことができないのです。まして医療の発達した今の時代では、そう簡単に死ぬことはできません。

だからこそ、「ピンピンコロリ」の話には意味がありません。大切なのは「ピンピンピン」の部分、つまり「健康に過ごすこと」であり、「コロリ」の部分はまったく期待できないということを直視しなくてはなりません。

では「コロリとは逝けない」とすると、具体的にどのようなことが起きうるでしょうか。

身寄りのない高齢者が自分の状況の危うさに気づくのは、多くの場合、転倒して骨折したり、病気で倒れて病院に搬送されたりしたときです。

普段は特に問題なく暮らしていても、こうした緊急事態に直面したとき、初めて「誰もサポートしてくれる人がいない」「もう、ひとりではやっていけない」という現実を突きつけられるのです。

たとえば以前、NHKの番組で、腰が痛くて動けなくなった高齢者が119番に連絡して、助けを求める様子が紹介されていました。

このような場合、運よく電話が近くにあれば通報ができますし、近所にかけつけてくれる人がいれば助けを求められるのですが、そうでなければ、誰かが気づいてくれるか、なんとか立ち上がれるようになるのを待つしかありません。

救急搬送されるケースでは、財布や保険証を持たないまま、病院に運ばれることもありえます。パジャマ姿で運ばれたものの入院するほどではないと判断され、誰も病院にかけつけてくれなければ、靴もないまま帰宅しなければならないこともありえます。

また、高齢者のなかには口座振替やクレジットカードを利用しておらず、光熱費などをコンビニで支払うという人も少なくありません。入院して支払いに行くことが難しくなったら、携帯電話も止まってしまいますし、電気が止まれば、退院したときには冷蔵庫の中身は腐ってしまっているでしょう。

若い世代ならスマホを使って簡単に済む用事かもしれませんが、多くの高齢者にとっては、このような問題への対処は簡単ではありません。

いざ退院するとなったとき、筋力が落ちるなどして、自宅の入口の階段をのぼれなくなっていたらどうなるのでしょうか？　身体の自由がきかなくなった状態で、ひとりで生活環境を整えるのは至難の業《わざ》です。

このように、身寄りのない高齢者の暮らしには、緊急時や日常の些細なことにも、さまざまな困難が潜んでいます。周囲の助けを得られない環境では、事態は容易に深刻化してしまうのです。

入院すると、とたんに問題があらわになる

「老後ひとり難民」が突然入院した場合、キーパーソンがいないと、さまざまな問題が生じます。

病院に運び込まれるような状況では、医療行為の選択や延命治療の是非など、生命に関わる重大な判断が必要になることも少なくありません。

しかし、意識がなかったり認知症の症状があったり、本人の意思決定能力が十分ではないこともあるわけです。そうでなくても、重大な判断をするときには、誰しも大きな不安を覚えるものです。

本人の意向を代弁し、精神的にサポートする家族がいない場合、医療スタッフにとっても負荷は大きくなります。本人が真に望む医療を提供できているのかということはもちろん、「将来的に親族などからクレームを受けないか」といった不安を抱えながら、治療方針を決定せざるをえないからです。

また、**金銭管理の面でも問題が生じます。入院費の支払いはもちろん、日用品の購入代金や、長期入院の場合は自宅の家賃や光熱費等の支払いも滞ってしまいます。**

認知症で本人が手続きできない場合、金銭管理を代行する家族がいないと、退院後の生活に支障をきたすおそれもあります。

さらに、洗濯物の交換や病院への届け物など、入院生活に必要なさまざまな用事を誰が行うのかという問題があります。退院するとなればその手続きや自宅に帰るための準備があり、場合によっては手すりなど福祉用具の手配なども必要になります。

深刻な状況をギリギリで支えている人たち

このような問題について、正式な業務として解決にあたるべき人は通常決まっているわけではありません。

実際に「老後ひとり難民」がギリギリの状態になったとき、ボランティア同然で支えている人たちがいます。自治体や地域包括支援センターの方、ケアマネジャー、民生委員、医療ソーシャルワーカー（ＭＳＷ）などです。

民生委員は、民生委員法に基づき厚生労働大臣から委託された「非常勤・無給」の地方公務員です。一般に、高齢者や障がい者のいる世帯、児童・妊産婦・ひとり親家庭などの状況把握のため、家庭訪問や地域での情報収集を行い、ニーズに応じて福祉サービスなどの情報提供や相談支援を行います。

「老後ひとり難民」のサポートという点では、身寄りのない人が亡くなった際に、葬儀を行うための「葬祭《そうさい》扶助」の申請を民生委員が手伝うこともあります。

葬祭扶助とは、生活に困窮している人が亡くなった際に、その葬儀や埋葬に必要な最低限の費用（棺《ひつぎ》、骨つぼ、火葬や埋葬の費用など）を自治体が援助する制度で、通常は亡くなった人の親族や関係者、あるいは自治体の担当者が申請するものです。

また、民生委員が本人の了承を得て、病院のつき添いをするなど、地域の助け合いの一翼《いちよく》を担うケースなどもあるようです。

しかしながら**近年は、民生委員の担い手不足と高齢化が深刻な問題**となっています。

民生委員の任期は3年で、一斉改選が行われますが、直近の２０２２年12月の一斉改選では、定数約24万人に対し、約1万５０００人の欠員が生じており、充足率は93・7％にとどまりました。

また再任委員の割合が約7割と高く、新たな担い手の確保が難しい状況が続いています。

背景には、住民の抱える課題の複雑化・多様化により、民生委員の活動内容が広範多岐にわたり、負担が大きくなっていることがあります。

民生委員の多くは高齢者ですが、仕事をしている高齢者が増えていることなどから、担い手の確保はさらに困難になっています。

また、民生委員制度が始まった当時は日本経済が右肩上がりで、今よりも余裕のある人も多かったと考えられますが、現在は余裕のある人が少なくなってきているという構造的な問題もあるようです。

今後は民生委員の不足が深刻化する可能性が高く、「老後ひとり難民」問題の解決手段として期待するのは難しいのではないかと思います。


医療ソーシャルワーカー（ＭＳＷ）は、病院において患者とその家族が抱える心理的・社会的問題の解決を支援する専門職です。

たとえば、患者が「治療費が払えるか不安だ」と相談に来た場合、ＭＳＷは患者の経済状況を把握したうえで、利用可能な公的助成制度について情報提供を行います。

また、必要に応じて社会福祉協議会等の関係機関と連絡を取り、手続きのサポートを行うこともあります。

ＭＳＷの重要な役割の一つは、退院を支援することです。たとえば大腿骨頸部《だいたいこっけいぶ》骨折で入院した高齢者が、「ひとり暮らしで不安だから、退院したあとは施設に入りたい」と希望した場合、MSWは本人の意向を尊重しつつ、介護保険の利用手続きや施設探しをサポートします。

また、脳梗塞の後遺症で左半身が不自由になった高齢者が自宅で生活することを目指すようなケースでは、自宅のバリアフリー環境の整備や、ホームヘルパー、デイサービスなどの導入について、ケアマネジャーと協力して調整を行います。

MSWは、医療と福祉の架け橋として、患者の生活を多面的にサポートしています。医師や看護師などほかの医療専門職とチームを組み、患者に最適な支援を提供するのがMSWの役割です。

病院内のカンファレンス（会議）で患者情報を共有し、退院後の生活をイメージしながら、必要なサービスの調整を進めるのです。

なおMSWは、社会福祉士や精神保健福祉士などの国家資格を取得していることが望ましいとされていますが、法律で資格要件が定められているわけではなく、病院の判断に委ねられています。

一般病床数が100床以上の病院では、医療法施行規則によってMSWの配置が努力義務とされているほか、がん診療連携拠点病院や地域医療支援病院の指定要件として、MSWの配置が義務づけられています。

「老後ひとり難民」が救急車で担ぎ込まれて、入院に至るような病院には、MSWがいることが多いと思われます。

「老後ひとり難民」と向き合う医療ソーシャルワーカーの話

MSWは、本来の職務の範囲を超えて「老後ひとり難民」の問題に向き合わざるをえなくなることがあります。

ある病院でMSWとして働くKさんは、身寄りがなく経済的に困窮した状態で救急搬送されてくる多くの高齢者の問題に対応しています。Kさんにインタビューしてうかがった、実際に出合ったケースを3つご紹介します。

【ケース①】

Aさんは65歳の男性で、建築関係の仕事をしており、会社の寮に住んでいました。ところが、前立腺がんが発覚。骨転移《こってんい》が進行すると、急性期病院からKさんの勤務先の病院に転院することになりました。

Aさんは身寄りがおらず、下半身が動かない状態でした。仕事をやめざるをえなかったため会社の寮を出ており、戻る自宅はありません。

急性期病院にいる間に、MSWが国民健康保険への切り替え、介護保険の申請、65歳を迎えたAさんの年金受給の手続きなどは対応済みでした。「お金の算段がつかなければ、どこの病院も受け入れてくれないので、こういった対応は急性期病院のMSWがやらざるをえない」とKさんはいいます。

Aさんは自分では金銭管理ができなくなっていたため、急性期病院のMSWが本人に代わって預金口座から現金をすべて引き出しており、転院後、Aさんの預金通帳と現金は、Kさんが病院の金庫で預からざるをえない状況でした。

「ところが、スマートフォンの利用料の引き落としがあったんです。預金口座にお金が

なくなっていてスマホが使えなくなってしまったので、私がコンビニに行き、代わりに支払いをしてきました」（Kさん）

Aさんのように寝たきり状態であっても、治療が終われば、ずっと入院し続けるわけにはいきません。退院できるよう環境を整えるのも、MSWの役目となります。

「年金の範囲で有料老人ホームに入ることができればいいのですが、場合によっては生活保護を利用して簡易宿泊所（ドヤ）に入居することも検討しなければならないでしょう。寝たきりであれば、簡易宿泊所であっても、介護保険を使ってヘルパーさんを1日3回入れるといった対応は可能だと思います」（Kさん）

これからも在宅での看取りに向けて、ヘルパーの手配や医療処置の方針決定など、さまざまな調整をKさんが担っていくことになるはずですが、Aさんご本人は「もうどうにでもしてくれ」といっているそうです。

「医師が、リハビリの次のプランを考えていきましょうといったら、Aさんは『次のプランはあの世だからいいよ、そんなの』というんです。でも、最期を迎えるまで、まだ先は長いのではないかと思います」（Kさん）

入院して亡くなった「老後ひとり難民」はどうなるのか

【ケース②】

救急車で運び込まれた高齢女性のBさんは、入院が決まったものの、「親族には絶対に連絡してほしくない」と強く主張していました。

その後、あっという間に意識レベルが低下し、亡くなりました。現金5万円とキャッシュカード、クレジットカードが入った財布とガラケーだけが残されました。

Kさんは、連絡できる親族がいないか調べるためにガラケーを操作してみたものの、電話帳や通話記録には何も残っていませんでした。

「結局、市役所に相談しました。市役所が戸籍などを調べたところ、甥《おい》が見つかったんです。ですがいっさい、関わりを拒否するといわれたそうです。その間、ご遺体は冷凍保存されたまま。こういった場合にどのように対応するかは自治体によっても異なるのですが、このケースでは火葬まで3カ月くらいかかりました」（Kさん）

火葬まで長い時間がかかれば、冷凍で保存されているとはいえ、遺体は傷むものです。3カ月もかかれば、痛ましい状態になっていたのではないかと思います。

おそらくKさんが働く病院のある自治体は、できる限り親族に連絡を取ろうと努めているのでしょう。**どこまで丁寧に親族を探すのか、そのやり方などは自治体によって異なりますが、時間や手間をかけて親族を探そうとする自治体の場合、遺体が長期保管されるリスクは高い**といえそうです。

亡くなる前にかかった医療費については、「『銀行口座には資産がある』という場合は、相続人が相続したあとに、病院側から相続人に請求することになりますが、相続放棄されてしまうと、生活保護も認められませんから、病院としては未収になってしまう可能性が高いですね」（Kさん）。

Bさんのケースについては、Kさんが役所の担当者に生活保護の適用で対応すべきかどうか相談したところ、担当者から「手持ちの5万円でまかなえるのでしたら、それで……」といわれたのだそうです。

このような状況でどうすべきかのルールがない以上、病院と役所の担当者同士で都度、判断していくしかないのでしょう。

【ケース③】

高齢男性のCさんは、末期がんの状態で緩和ケア病棟に入院しました。妻は1年前に他界しており、その遺骨は自宅に安置されたまま。生活は年金のみでまかなっており、ギリギリの状態が続いていたなかでのことでした。

Cさんの希望は、誰にも迷惑をかけずに死ぬことであり、妻の遺骨の埋葬と自らの死後の対応について、事前に決めておきたいと考えていました。

Kさんは本人の希望を叶えるため、行政書士を呼んで遺言書を作成することにしました。また、大家に部屋の明け渡しと原状回復のための費用を託すなど、最期へ向けての用意も急ぎました。

しかし残念ながら、予定していた「公正証書遺言《こうせいしょうしょいごん》」（詳しくは141ページ参照）の作成に至る直前に、Cさんは他界してしまいました。身寄りがないCさんの遺骨の処理は、役所が担当することになりました。

多少なりとも救いになったのは、行政書士が遺言作成のために親族調査を行っており、取り寄せた戸籍を役所に提出できたことです。役所は親族に連絡を取り、火葬の許可を得ることができました。

最終的には妻の遺骨も含めて自治体の無縁墓《むえんばか》に入れられることになりましたが、それでも火葬までに2カ月ほどの時間を要したそうです。

「Cさんが公正証書遺言を作成できていれば、自分の希望するように妻と埋葬され、残ったお金をお世話になった人に渡すといったこともできたかもしれません。ただ、体調がよくないなかで信頼できる専門家を選び、わずかしかないお金の範囲内で相談していくというのは、精神的にも身体的にもかなり大変なことだと思います」（Kさん）

Aさん、Bさん、Cさんの事例からは、「老後ひとり難民」の金銭管理から死後の手続きまで、幅広い実務にMSWが対応せざるをえない様子がうかがえます。

こうしたMSWの実態は、公式に調査なども行われておらず、把握もできていない状態です。患者の現金を預かったり、ときにはキャッシュカードの暗証番号を教えてもらって預金の出し入れをしたり、必要なものを持ってくるために鍵を預かって自宅に立ち入ったりといったことは、本来「やるべきではないこと」「何かあれば責任を負いきれないかもしれないこと」でしょう。

そのような対応をせざるをえない現場の人たちにとって、「きちんとした制度やルールを作ってほしい」という思いは切実なはずです。しかしながら便宜《べんぎ》上、グレーゾーンなことをやらざるをえないわけですから、現場からは声を上げにくいのです。

一日も早く、何らかのルール化が望まれている課題といえます。

生きて退院できても、多くの壁が立ちはだかる

「老後ひとり難民」が、ひとり暮らしが難しい状態で退院せざるをえなくなった場合、さまざまな問題に直面します。

たとえば「3階に住んでおり、階段しかない今のアパートでは部屋の入口に自力でたどり着けない」などということになれば、引っ越すしかありません。

若い人でも引っ越しは大変な作業ですが、高齢者の場合、賃貸住宅への入居を断られるケースもあります。

仮に賃貸住宅が見つかったとしても、引っ越しの手続きや作業は大変な負担となるで

しょう。不動産会社との契約や、現在の住居の家財の処分、引っ越し業者の手配など、一連の作業を高齢者がひとりで行うのは容易ではありません。

もちろんこのようなケースでは、退院時までにMSWが介護保険サービスにつないでくれているケースがあります。場合によっては、ケアマネジャーが一部をサポートしてくれることもあるでしょう。

たとえば私が調査した範囲では、住宅改修の手配、ゴミ屋敷化した自宅の片づけなど、ケアマネジャーが介護保険外の対応をしたケースがありました。

しかし、**こういった対応は、本来ケアマネジャーの業務範囲を超えるものですから、当然のように期待してよいわけではありません。**

転居のときに相談できる先としては91ページでも紹介した「居住支援法人」があります。居住支援法人は、住宅セーフティネット法に基づいて都道府県が指定するもので、「住宅確保要配慮者（低所得者、高齢者、障がい者、子育て世帯など）」の民間賃貸住宅への円滑な入居支援を目的としています。

居住支援法人では、住宅情報の提供、入居に必要な手続きのサポート、見守りサービスの紹介などを行っています。

一般的な賃貸住宅でひとり暮らしをすること自体が難しい状態であれば、高齢者向けの施設や住まいに入居することになります。

高齢者が入所できる「介護保険施設」には、要介護者のための「介護老人福祉施設(特別養護老人ホーム)」、リハビリテーションに重点を置いた「介護老人保健施設(老人保健施設)」、医療と介護の両方が必要な人のための「介護医療院」などがあります。

これらの施設は、介護保険法の基準に基づき、地方公共団体や社会福祉法人、医療法人等によって運営されており、サービスの質は一定の水準で管理されていると考えていいでしょう。

これ以外にも、主に自治体や社会福祉法人が運営する低所得者向けの住まいとして「養護老人ホーム」「軽費老人ホーム」があるほか、主に民間の法人が運営する高齢者向けの住まいとして「サービスつき高齢者住宅」「有料老人ホーム」があります。

入居費用や提供されるサービスは、施設によってさまざまです。

「老後ひとり難民」を待ち受ける〝無届け施設〟

知っておきたいのは、高齢者向けの施設のなかに〝無届け施設〟があることです。

本来、高齢者施設の設置には行政の認可や届け出が必要ですが、そういった手続きを踏まずに運営されている施設は少なくありません。

そのような無届け施設のなかには、サービスの質が低かったり、利用者の権利が守られていなかったりするところもあります。

低所得者向けの施設のなかには、入居者の預金通帳等を管理する契約になっているところもあり、いわゆる「貧困ビジネス」に近い構造になっているケースも見受けられます。

特に行き場のない「老後ひとり難民」の場合、年金や生活保護の範囲で入居できる無届け施設に入らざるをえなくなることもあるようです。

自力で自分に合う施設を見つけるのが難しい状況では、一時的にMSWや地域包括支援センターの担当者などのボランティア的なサポートに頼らざるをえない場合が多いでしょう。

そのようなケースでは、担当者がやむなく、料金の安い施設を対象に、できるだけ良心的なところを探して紹介せざるをえないこともあると聞きます。

また、遠方の施設に入所することもありえます。たとえば都心などでは入居費用が高くなりがちなので、入居費用が安い地方の施設に入らざるをえないのです。

つまり、「老後ひとり難民」が突然の入院から退院という事態に見舞われた場合、その後の生活を自分の意思で選択することは非常に難しいのが現状なのです。残る体力がわずかな状態で、これから過ごす場所も選べず、望まない環境に身を置かざるをえないケースも少なくないのです。

あなたの医療上の意思決定を担うのは誰か

「老後ひとり難民」が入院した際、特に意識がない場合や重度の認知症である場合などは、「医療同意」が大きな問題となります。

医療同意とは、患者が医療行為を受ける際、その内容について十分な説明を受け、理解したうえで自らの意思で医療行為を受けることに同意することを意味します。たとえば手術が必要な場合、医師は患者に手術の必要性やリスク、予想される結果などを詳しく説明し、患者がそれを理解したうえで手術を受けることに同意するのが、医療同意です。

本来、医療同意は患者本人のみの権利ですが、本人の意識がなかったり、重い認知症であったりする場合は、医療同意が難しく、家族など近親者が患者の代わりに判断を求められることが多くあるのが実情です。

しかし「老後ひとり難民」の場合、医療同意を行う親族がいないわけですから、病院としては治療内容の決定に困ることになります。

たとえば、がんの末期で意識不明の独居高齢者が搬送されてきた場合、延命治療を行うべきかどうか、人工呼吸器をつけるべきかどうかなど、重大な意思決定を病院側だけで行わなければならなくなります。

こうした場合、キーパーソンとなっている人（ケアマネジャーや成年後見人など）の意見を聞き、院内の倫理委員会などで合意し、その記録を残すといった方法で対処することが多いようです。

たとえば本人が「延命治療はしないでほしい」「胃ろうはつけないでほしい」「身体拘束《しんたいこう そく》はしてほしくない」などの希望を持っていた場合であっても、それを伝えることができなければ、希望が叶わないおそれがあるわけです。

家族であれば、日頃の会話のなかで本人の希望を聞いていることも多いかもしれませんが、キーパーソンとなっている人がそこまで把握しているケースは多くはありません。

こうした問題に対処する方法の一つが、「事前指示書」を準備しておくことです。

事前指示書とは、自分の人生の最終段階において、どのような医療やケアを望むのか、あるいは望まないのかを前もって書き記しておく文書のことです。

たとえば、「延命治療は望まない」「人工呼吸器はつけないでほしい」「できる限り痛みを和らげる緩和ケアを望む」といった具体的な意思を記しておくことで、本人の意識がない場合でも、医療従事者はその意思を尊重した医療を提供することができます。

事前指示書の内容は多くの「エンディングノート」の項目にもなっていて、エンディングノートであれば、葬儀の方法や財産の分配なども記しておくことができます。

ただし、いくら事前指示書やエンディングノートを準備していても、医療従事者がそれを見ることができなければ、意味がありません。

救急隊員の方は、自宅からの搬送時には、できる限り財布と鍵を一緒に運ぶといわれています。病院でも、本人の意識がない場合、所持品の確認をします。

したがって「エンディングノートを○○に保管しています」といった情報を、紙に書いて財布のなかに入れておくのは一つの方法でしょう。

なおエンディングノートについては、自治体による登録サービスなども登場しています。第5章で、もう少し詳しく解説したいと思います。

第3章「老後ひとり難民」が〝死んだあと〟に起きること

「老後ひとり難民」が亡くなると、どんな問題が生じるか

前章では「老後ひとり難民」がどのような場面で問題に直面するのか、何が起こりうるかを確認しました。本章では、「老後ひとり難民」が亡くなった際に、どのような問題が起きうるかを見ていきたいと思います。

「老後ひとり難民」が亡くなる場合に懸念される問題として、多くの人が思いつくのは「孤立死（孤独死）」でしょう。

孤立死とは、誰にも看取られることなくひとりで亡くなり、その死が発見されるまでに時間がかかるケースを指します。

たとえば、ひとり暮らしの高齢者が自宅で亡くなったものの、親族や近所とのつき合いがなかったために、誰にも気づかれずに数日から数週間、場合によってはもっと長い期間にわたって放置されるようなケースです。

遺体が発見されたときには、すでに腐敗が進行していることもあります。このような

孤立死は、近年、増加傾向にあります。

もちろん、懸念すべき点は孤立死だけではありません。「老後ひとり難民」が亡くなった場合、死後の手続きを誰が行うのかが問題になります。

体調が悪くなり、病院に運ばれて亡くなれば、発見が遅れて腐敗が進む心配はありません。しかしながら、それでもさまざまな懸念が残ります。

まず考えられるのは、**病院や介護施設の費用の精算**です。介護施設に入居している場合、入居費が口座引き落としになっているケースであれば問題は生じにくいかもしれませんが、亡くなる直前に病院に搬送されたりすれば、治療や入院にかかった費用の支払いが滞ってしまいます。病院のスタッフは、支払ってくれる人を探すのに苦労するかもしれません。

遺体の引き取りも必要です。病院で亡くなった場合、速やかに安置場所に移さなければなりませんし、そのためには葬儀社に連絡を取って、遺体搬送車を手配する必要があります。誰が葬儀社を選んで連絡するのでしょうか。

亡くなったあとの家の片づけもあります。急に倒れてそのまま亡くなるようなケースでは、家に大量の荷物が残されることになるでしょう。その遺品の整理や処分は誰が行うのでしょうか。

さらに、**公共料金などの停止手続きも必要**です。賃貸住宅や持ち家に住んでいる場合のガスや電気、水道料金や携帯電話料金のほか、昨今では有料の動画配信等のサブスクリプションサービス（サブスク／毎月など定期的に料金を支払うことで、商品やサービスをその都度購入することなく、それらを継続的に利用できる）を使っている人もいるかもしれません。

火葬と埋葬の問題もあります。「自分の骨なんて、そのあたりにまいておいてくれればいい」などという高齢者もいらっしゃるそうですが、火葬を行うには、死亡届を出して、火葬許可証の交付を受ける必要があります。

また、火葬後の遺骨を適当に取り扱うことはできません。

墓地埋葬法では、遺骨は墓地に埋葬するか納骨堂に収蔵するかしなければならないと定められており、過去には「父親の遺骨の処置に困って駅のトイレに遺棄《いき》した息子が逮捕された」「妻の遺骨がじゃまになってコインロッカーに遺棄した夫が逮捕された」「遺骨や骨つぼをゴミ置き場に遺棄した石材店経営者が逮捕された」といった事件も起きています。

このように、亡くなったあとには、病院・福祉施設などの費用精算、遺体の確認・引き取り指示、部屋の原状回復、残した家財・遺品の処分、公共料金や生前利用していたサービスの契約解除、火葬・埋葬など、さまざまな手続きが必要となります。

そして、「老後ひとり難民」が亡くなったとき、これらについて誰が責任を持って行うのかは、極めて曖昧なのが実態なのです。

「老後ひとり難民」が亡くなった場合、誰が死亡届を出すのか

亡くなったあとに引き取り手のない遺骨は、「無縁遺骨」と呼ばれます。

毎日新聞が全国の政令指定都市を対象として行った調査によれば、2015年度に亡くなった人の約30人に1人は遺体の引き取り手のない方だったといいます。

また日本経済新聞の記事によれば、2018年度に全国20の政令指定都市が受け入れた無縁遺骨の数は8287柱にのぼり、この数は5年前の1・4倍だということです。無縁遺骨が増加している背景には、核家族化や人々のつながりの希薄化があるのでしょう。

身寄りのない高齢者が増えたことにともない、「亡くなっても引き取り手がいない」というケースも増えているのです。

「老後ひとり難民」が亡くなった場合、死亡届を誰が出すのかが問題になるケースがあります。実は、死亡届は誰でも出せるわけではありません。

戸籍法では、死亡届の「届出義務者」として、「同居の親族」「その他の同居者」「家主」「地主」「家屋管理人または土地管理人」と定めています。これら届出義務者がいない場合などで、病院で死亡した場合は、病院長が届出義務者になります。

このほかに届け出をすることが認められる「届出資格者」として「同居の親族以外の親族」「後見人」「保佐人」「補助人」「任意後見人」「任意後見受任者」が定められてい

ます。

つまり、同居者がいたり賃貸住宅や介護施設に住んでいたり、あるいは病院で亡くなったりした場合は、死亡届の届出義務者がいますが、**持ち家に住む独居高齢者の場合、届出義務者が不在**となってしまうわけです。

もちろん同居親族以外の親族が届け出てくれるケースや、認知症などで後見人がついているなら、その後見人が届け出てくれるケースもあるでしょう。

しかし、そういった人がいないケースのほうが多数派といえます。

また、家主・地主や病院長のなかには、「届出義務者」であっても、死亡届を出すことをためらう人もいます。

こうした場合、法に規定のない「死亡記載申出書」を提出することで、戸籍に死亡を記載する手続きが取られることもあります。

火葬を行うのは、どこの自治体か

死亡届が出された場合、火葬はどうなるのでしょうか。

身寄りのない人が亡くなった場合、自治体は戸籍などをたどって親族を探します。親族が見つからなかったり、見つかっても関わりを拒んだりした場合、多くのケースでは自治体が火葬を行うことになります。

ここで問題になるのが、「火葬を行うのは、どこの自治体なのか」です。

自治体が火葬を行う根拠となっているのは「行旅《こうりょ》病人及《および》行旅死亡人取扱法」と「墓地、埋葬等に関する法律」です。行旅死亡人、つまり「行き倒れ」として扱われるため、原則として亡くなった場所の自治体が火葬を行うことになっているのです。

昔は家族や親族が葬儀を行って遺骨を引き取るのが当然であり、「引き取り手がいない」という事態を考える必要はさほどなかったのかもしれません。

しかし、独居高齢者が増えて、死後に引き取り手のないケースが増加傾向にあることを考えると、現在の法律には不備があるといわざるをえません。

たとえば「老後ひとり難民」が倒れ、居住地の隣の市町村にある病院に運び込まれたとしましょう。そのまま亡くなった場合、住民税を納めていた自治体ではなく、隣の自治体が火葬を担うことになります。

このように考えると、「それはさすがにおかしいのでは」と思う方も多いのではないでしょうか。

「老後ひとり難民」が亡くなった場合については、各自治体がローカル・ルールで対応していることは、すでに述べたとおりです。担当する部署も、生活保護担当であったり、高齢者福祉担当であったりとまちまちです。

先に医療ソーシャルワーカーKさんのインタビューでも触れましたが、たとえば「どこまで時間をかけて親族を探すか」は、自治体ごとに差があるのです。のちのち親族が現れ、「なぜ勝手に火葬したのか」と問題になるリスクを重く見る自治体では、なかなか火葬に踏み切れないケースもあります。

その結果、遺体が長期間保管されたままになって傷んでしまったり、ときにはニュースになって世間を騒がせたりもします。

名古屋市では、2022年、2023年と続けて「引き取り手のない遺体の放置」が報道されました。**最長だったケースでは、葬儀社の保冷施設に3年4カ月にわたり、遺**

体が保管されていたといいます。

行旅死亡人の火葬後の遺骨の扱いも、法律上の規定はありません。このため、自治体によって対応はさまざまです。

しばらく保管しておいて、引き取り手が現れない場合は、自治体が管理する無縁墓等に合祀《ごうし》するというのが一般的ですが、保管場所や保管しておくべき期間などには決まりはないのです。

遺骨の埋葬についてルールが決められていない自治体では、ロッカーなどにしまわれたままになっているといったケースさえあります。

死んでも、銀行口座からの引き落としは続く

「老後ひとり難民」が銀行口座にお金を残したまま亡くなった場合、そのお金はどうなるのでしょうか。

「死んだら口座が止められ、お金は引き出せなくなるのでは？」と考える方が多いと思いますが、銀行が口座名義人の死亡を把握できるとは限りません。

一般に銀行は、相続人からの申し出や新聞の訃報欄《ふほうらん》などで口座名義人の死亡を知った時点で、速やかに口座からの引き出しや引き落としを停止します。

しかし、ひとり暮らしの高齢者が亡くなった場合などには、銀行は口座名義人が亡くなったことを知る機会がないこともあります。そのような場合、銀行口座は〝生き続ける〟ことになります。

つまり存命中と同様、銀行によって口座の管理が続けられるのです。

口座に10年以上入出金等の取り引きがない場合は、その口座は「休眠口座」となります。休眠口座の預金は一定期間経過後、預金保険機構に移管され、最終的には国庫に引き渡されることになっています。

ただし、その後も、休眠口座管理制度に基づいて、相続人などが払い戻しを請求することは可能です。

では、亡くなった「老後ひとり難民」の口座から、何らかの料金が引き落とされ続けている場合はどうでしょうか。

たとえば、契約していた携帯電話やサブスクの利用料などは、誰かが解約しない限り、引き落とされ続けます。

携帯電話についていえば、本人や本人から依頼を受けた代理人、後見人などの法定代理人以外による解約が、非常に困難なケースが多いようです。

いずれ口座の残高が不足して引き落としができなくなれば、携帯電話会社やサブスクリプションサービス提供会社は亡くなった方に連絡を取ろうとするでしょう。

その際に、もし相続人に連絡が入れば、引き落とし口座の存在に気づいて、銀行に死亡の連絡を入れることで口座が停止されるかもしれません。

しかし、**もし大金を口座に残したまま亡くなっていれば、誰も使うことのないサービスのために延々と料金が引き落とされ続けることになります。口座から出金が続く限り、休眠口座にはならない**からです。

このような状況は、不合理だと感じる人もいるでしょう。しかし銀行からすれば、積極的に口座名義人の生死を確認してまで入出金停止を行うことに、あまりメリットはありません。

富裕層顧客であれば、日常的に銀行の担当者が接点を持っているケースもありますが、そうでなければ、そもそも銀行が顧客の生死を把握するのは容易ではありません。

もし生死を把握しようとすれば、そのためのコストも必要になるでしょう。

なお、休眠預金は、毎年1200億円ほど発生している（2014年度から2016年度のデータ）といいます。そのなかには、増えてゆく「老後ひとり難民」が残した預金も、それなりの割合を占めているのだと思います。

死んだあと、住んでいた家は誰が処分するのか

ここまで読んでくださった方は薄々、気づいていると思いますが、「老後ひとり難民」が亡くなったあと、住んでいた家の片づけなどを誰がやるのかは、自明ではないケースが多いといえます。

賃貸住宅に住んでいる場合、賃借権は相続人に相続されますが、**相続する人がいないとすれば、部屋の片づけは貸主が費用をかぶって行うことが多い**でしょう。

団地の場合、管理組合が空き部屋の一つに遺品を運び込んで対処するといったケース

もあるようです。持ち家の場合は、そのまま放置されることもめずらしくありません。誰も何も対応しようがないケースがあるのです。

家のなかに残されたペットが誰にも世話をされないまま死んでしまうというのも、残念ながらよく起きることです。

年間800億円近い遺産が国庫に帰属している

身寄りのない高齢者が財産を残して亡くなった場合、その遺産はどうなるのでしょうか。

その行方《ゆくえ》は、法律に基づいて決められます。まず、相続人の存在が明確でない場合、利害関係人（何らかの理由で、亡くなった方の財産の分与を求めたい人）、あるいは検察官の申し立てを受けて、家庭裁判所が「相続財産清算人」を任命します。

相続財産清算人は、本来なら相続人が行うべき「被相続人（財産を残して亡くなった人）」の財産管理を代行する役割を担います。

相続人が不在であったり、相続放棄をした場合、財産を管理する人がいなければ、債務返済が滞ったり、不動産の管理不全などの問題が生じるおそれがあるので、相続財産清算人が適切に財産を管理して清算することになっているのです。

相続財産清算人は、預金や不動産などの相続財産を調査し、債務の支払いや財産の管理を行います。また、相続人が不明な場合は、官報を通じて相続人を捜索します。

これらの手続き後に残った財産については、家庭裁判所の審判を経て、特別縁故者が相続する場合がありますが、最終的に残った財産については、国庫に引き渡されることになります。

2023年にNHKが最高裁判所に取材したところによれば、**相続人がいないために国庫に納められた金額は、2022年度は768億9444万円**となり、記録が残る2013年度以降で最も多くなったとのことです。

「自分の資産を国に持っていかれるのはイヤだ」という場合は、死後に財産が自分の意向に沿って管理されるよう、何らかの手を打っておく必要があります。

「老後ひとり難民」は、自分のお金を誰に残せばいいのか

身寄りはなくともお金には困っていない「老後ひとり難民」の場合、自分が亡くなったあと、資産を誰にどのように残せばいいのかが悩みどころかもしれません。

高齢者向けに身元保証などのサービスを提供する事業者のなかには、利用者が亡くなったあと、「遺贈《いぞう》」を受ける契約を結ぶところもあります。遺贈とは、故人が残した遺言にしたがって、特定の誰かに財産をゆずることです。利用料だけでは事業が成り立たず、実質的に遺贈寄付で経営を継続している事業者もあるといわれています。

もちろん、自分を最後までお世話してくれた団体に感謝の気持ちを込め、遺産を寄付したいと考える高齢者もいるでしょう。

しかし一方で、遺贈にはさまざまな問題が潜んでいることにも目を向ける必要があります。

遺贈の問題の一つは、高齢者が本当に自分の意思で寄付を決めたのかどうかを確認することが難しいという点です。

たとえば、ある民間事業者が提供する「身元保証等高齢者サポート事業」が高齢者の

面倒を見ており、その高齢者の死亡後、生前の契約に基づいて事業者に遺産が寄付されたとします。

このような場合、生前の契約が本当にその高齢者の自由意志によるものなのか、それとも事業者からの働きかけによるものなのかを判断するのは容易ではありません。

「認知症初期で後見人などがついていない高齢者が、言葉巧みに契約を結ばされているのではないか」

そんな可能性を疑い出せば、きりがないでしょう。

また、高齢者の面倒を見る人が遺贈を受ける場合、利益相反《そうはん》の問題が生じる可能性もあります。その人は、高齢者に多くの財産を残してもらったほうが得だと考え、生前のお金の使用を控えさせようとするかもしれません。すると、高齢者の生活の質が損なわれてしまうおそれがあります。

高齢者の面倒を見る人と、遺贈を受ける人が同じだと、必ずこの可能性が生じますが、事業者の場合は特に厳しい目で見られています。

実際、身元保証サービスを提供していたNPO法人が、利用者である高齢者と「亡くなったら不動産を除く全財産を贈与する」という「死因贈与契約」を結び、高齢者の死後に、その契約に基づいて信用金庫から預金を払い戻そうとして拒否され、裁判を起こしたというケースがあります。

このNPO法人は、ある養護老人ホームの入所者の半数以上と身元保証サービスの契約を結び、さらに数人とは死因贈与契約も結んでいました。

一方、厚生労働省は、高齢者施設への入所について、身元保証を条件にしないよう求める通達を出しています。

裁判では、このような実態を踏まえたうえで、死因贈与契約は公序良俗《こうじょりょうぞく》に反しており、無効という判断がくだされました。

もちろん、この裁判の事例のみをもって、「身元保証等高齢者サポート事業者」が遺贈を受けることがすべてNGであるということにはなりません。

また、「この事業者に寄付したい」という高齢者の意思が本物であるならば、それが尊重されなくなってしまうのも問題でしょう。

しかし、このような事例があることを踏まえれば、高齢者の意思を尊重しつつ、不正を防ぐための仕組みの整備なども考える必要があると思います。

ちなみに、遺贈についてはさまざまなケースがあります。

ひとり暮らしで相続人がいない高齢者が亡くなった際、遺産の一部の寄付を受ける人や、特別縁故者として相続を申し出たりする人が出てくるケースがありますが、なかには「なぜか繰り返し、複数の高齢者から相続を受ける人」も存在するといいます。

これはおそらく、寂しく暮らしている高齢者と仲よくし、日々のお世話をしたりすることで遺産を相続するという〝手口〟なのでしょう。

「資産家でひとり暮らしの高齢者の家に、家族ではない若い人が出入りしてお世話をしている」といった話を聞くこともあります。

このようなケースをすべて「けしからん」といえるかどうかは、難しい問題です。

違法ではないというだけでなく、実際にその高齢者が満足したり感謝したりしているのであれば、外からとやかくいうべきではないかもしれないからです。

もちろん「とんでもないことだ」という人は多そうですが、高齢者当人からすれば「余計なお世話」かもしれません。

高齢化が急速に進むなか、遺贈は一つの大きなマーケットになりつつあり、遺贈先をコーディネートする高齢者へのサービスも生まれています。

いずれにしても、「老後ひとり難民」の増加が見込まれるなか、このテーマは避けて通れなくなっていくはずです。

友人やお世話になった人に財産を残したいときは？

財産を「身元保証等高齢者サポート事業」に寄付する以外にも、「自分の財産を友人やお世話になった人に残したい」「保護猫・保護犬のボランティア団体に寄付したい」「養護施設の子どもたちに残したい」「わずかとはいえ国に引き渡すことは避けたい」と思う方もいるでしょう。

財産を残して亡くなった人に配偶者や血族などの「法定相続人」がおらず、遺言書もないと、多くの場合、そのお金は国が引き取ることになります。
特定の人や団体に渡したい場合は、法的効力を持つ「遺言書」を作る必要があります。
遺言書には大きくいうと「自筆証書《じひつしょうしょ》遺言」と「公正証書《こうせいしょうしょ》遺言」があります。自筆証書遺言は自分で手書きで作成しなくてはなりません。作った日付の記入や署名捺印をするなどのルールが守られていないと、無効になることもあるので気をつけてください。

自筆証書遺言は自宅に保管しておくこともできますが、「自筆証書遺言書保管制度」を利用して、法務局に預けておくことができます。自筆証書遺言書保管制度を利用すると、亡くなったときに、あらかじめ指定しておいた人（最大３名）に、遺言書が法務局に保管されていることが通知され、遺言書の紛失や発見されないという事態を防げます。

公正証書遺言は、公証役場で作成される遺言書です。作成には費用がかかりますが（財産の価額が１００万円以下で５０００円の手数料）、遺言書は公証役場に保管される点で安心といえます。

財産の額がそれなりに大きく、財産を確実に特定の人に残したい場合は、公正証書遺言のほうがいいかもしれません。

ただ公正証書遺言は、作成後に必ず「遺言執行者」を決めておく必要があります。遺言執行者は、遺言書に書かれている内容を実際に行う人のことです。公正証書遺言を作った人が亡くなった場合、凍結された銀行口座からお金を引き出し、遺言書に書かれている人に渡す役割を担います。

ただし、この役割は手続きなどが煩雑でもありますから、遺言執行者には弁護士などを指名するほうがいいでしょう。

「死んだあとのことは、どうでもいい」では済まされない

日本総研では、2020年に「中高年者の意思決定の準備状態に関する調査」を行いました。

この調査のなかで、死後対応について「意見A／死んだ後にできるだけ人に迷惑をかけないよう準備したい」「意見B／死んだ後のことはどうしようもない。誰かがどうにかしてくれる」という2つの意見を示し、どちらの考え方に近いかを尋ねています。

全体としては、「意見Aにまったく賛成だ」「どちらかというと意見Aに賛成だ」とい

う人、つまり「遺族などの負担を軽減するために自分で準備をしておきたい人」が8割を超えました。

なかでも、配偶者と死別した人では、その意見が9割近くにのぼっています。

自分が配偶者の死後事務を経験してみて、「本人が準備していないと、残された人が大変だ」と感じたり、あるいは「準備をしてくれていたので助かった」ということを身をもって体験したことが、このような考え方に至っている背景にあるのかもしれません。

独居・同居の別で見ると、独居の人も同居の人も、遺族の負担を軽減するために自分で準備をしておきたい人が約8割であるという点は同じですが、独居の人のなかには「意見Bにまったく賛成だ」「どちらかというと意見Bに賛成だ」という、「死んだあとのことは誰かがどうにかしてくれる」派の人が8・8％おり、同居世帯の人よりもその割合が高くなっています。

ひとり暮らしの高齢者のなかには、「身寄りがない以上、死後のことは考えても仕方がない」と諦めている人もいるのかもしれません。

しかし、「自分が死んだあとのことはどうでもいい」というのは甘い考えともいえます。

「老後ひとり難民」で「あとのことはどうでもいい」と、何の対処もしていない人は、生前に周囲から「リスクがある人」と見なされてしまうことになるからです。

たとえば先に触れたように、「老後ひとり難民」の場合、入院する際に病院から敬遠されがちです。

もちろん、病院には「応召《おうしょう》義務」があり、診察治療の求めがあった場合に、正当な事由がなければ拒んではならないとされています。

しかし**現場の人が「この人は緊急連絡先がわからないから、何かあったときに対応に困る」と考えれば、病床が逼迫《ひっぱく》するなか、無理に受け入れようとはしない**かもしれません。

一方、いざというときに「緊急連絡先になってくれる知人がいます」「身元保証サービスを契約しています」などといえる人であれば、「それならなんとか対応できるかもしれない」と判断されて受け入れてもらえる可能性が高まるでしょう。

では、「迷惑をかけないような準備」とは何でしょうか。

次章以降は、「身元保証等高齢者サポート事業者」の実態や国の動きなどを確認しながら、「老後ひとり難民」が安心して暮らしていくための方法を一緒に考えていきましょう。

第4章　民間サービスは「老後ひとり難民」問題を解決するのか

身元保証や死後のあと始末を行う民間サービスはどのようなものか

本章では、民間事業者が提供する「身元保証等高齢者サポート事業」について詳しく見ていきます。

「身元保証等高齢者サポート事業」は、本書のテーマである「老後ひとり難民」のような方を対象に、第2章、第3章で紹介してきたような問題について、解決の手段を提供する新しい事業形態です。

「身元保証等高齢者サポート事業」について国が関わり始めたのは、「プロローグ」でも触れた、日本ライフ協会の経営破綻がきっかけでした。

事件について、簡単に振り返っておきましょう。当時の「身元保証等高齢者サポート事業者」のなかでは大手だった公益財団法人日本ライフ協会は、経営状態の悪化から、契約者がサービスを受けるために預けていた金銭のうち、2億7000万円超を事業に流用していました。そして2016年4月、経営破綻から破産に至ったのです。

契約者がサービスを受けられなくなったことはもちろん、預けていた金銭も返還されないという、契約者にとって取り返しがつかないような大きな被害が発生しました。

この事件を受けて内閣府の審議会である「消費者委員会」が調査した結果、「身元保証等高齢者サポート事業」には監督官庁がなく、実態把握が行われていないことが判明し、厚労省と国交省に対応が求められることになったのです。

現在でも、「身元保証等高齢者サポート事業」には監督官庁がなく、許認可や届け出が必要なビジネスでもありません。そして実は、呼び方も一律ではありません。

本書では「身元保証等高齢者サポート事業」と記載していますが、本書執筆中の2024年4月、これら事業者のあり方について初めて国からガイドライン案が発表された際には、「高齢者等終身サポート事業者」という名称が付されていました。

ちなみにこのガイドラインは、内閣官房（身元保証等高齢者サポート調整チーム）、内閣府 孤独・孤立対策推進室、金融庁、消費者庁、総務省、法務省、厚生労働省、経済産業省、国土交通省の連名で発表されています。

ずらりと並んだ官庁等の名前からも、「身元保証等高齢者サポート事業」が関わる領域が、いかに広いかがわかります。

「身元保証等高齢者サポート事業」とひとくちにいってもサービスはさまざまですが、**大きく「身元保証サービス」「日常生活支援サービス」「死後事務サービス」の3つに分類できます。**

消費者委員会は、このうち「身元保証」または「死後事務」をサービスとして掲げている事業者を「身元保証等高齢者サポート事業者」と定義しています。

「身元保証サービス」とは、病院や福祉施設への入院・入所時の身元保証や、賃貸住宅入居時の身元保証のことを指します。

「死後事務サービス」には、病院や福祉施設の費用の精算代行、遺体の確認・引き取り指示、部屋の原状回復、家財や遺品の処分、公共料金などの停止手続き、葬儀の支援などが含まれます。

「日常生活支援サービス」は多岐にわたりますが、買い物支援、福祉サービスの利用や行政手続きの援助、日常的な金銭管理、安否確認、緊急時の親族への連絡などが主なものです。

「身元保証等高齢者サポート事業」には、「老後ひとり難民」の抱える問題をある程度、解決できる可能性があります。

しかし一方で、日本ライフ協会の事例が示すように、さまざまなトラブルのリスクをはらんでいることも間違いありません。

「身元保証等高齢者サポート事業」の実態

現在の「身元保証等高齢者サポート事業」の実態を知るには、2023年8月に総務省行政評価局が発表した「身元保証等高齢者サポート事業における消費者保護の推進に関する調査」の結果報告書が参考になります。

図表6をご覧ください。これは、報告書に掲載されている「身元保証等高齢者サポート事業において提供されるサービスの例」です。

サービス内容はかなり多岐にわたっており、たとえば医療施設への入院時の身元保証

提供されるサービスの例

	種類	内容
	死後事務サービス	①死亡の確認、関係者への連絡 ②死亡診断書（死体検案書）の請求受領、火葬許可の市区町村への申請、火葬許可証及び埋葬許可証の受領、死亡届申請代行 ③葬儀に関する事務 ④火葬手続（火葬の申込み、火葬許可証の提示）に関する手続代行 ⑤収蔵（納骨堂）、埋蔵（墓処）、永代供養に関する手続代行 ⑥費用精算、病室等の整理、家財道具や遺品等の整理 ⑦行政機関での手続関係（後期高齢者医療制度資格喪失届、国民健康保険資格喪失届等）に関する代行 ⑧ライフラインの停止（公共料金（電気・ガス・水道）の解約、インターネット・Wi-Fi等の解約、固定電話、携帯電話等の解約等）に関する手続代行 ⑨残置物等の処理に関する手続代行（遺品目録の作成、相続人等への遺品・遺産の引渡し） ⑩墓地の管理や墓地の撤去に関する手続代行

（注）総務省の調査結果による。

出典：総務省行政評価局　前掲調査結果報告書

図表6 「身元保証等高齢者サポート事業」において

種類	内容
身元保証サービス	①医療施設への入院の際の連帯保証 ②介護施設等への入所の際の連帯保証 ③入院・入所、退院・退所時の手続の代理 ④死亡又は退去時の身柄の引取り ⑤医療同意への支援 ⑥緊急連絡先の指定の受託及び緊急時の対応
日常生活支援サービス※ ※利用者が契約締結後に判断能力が不十分になった場合、身上監護・財産管理について成年後見（任意後見又は法定後見）へ移行	1　生活支援関係 ①通院の送迎・付添い ②買物への同行や購入物の配達、生活に必要な物品の購入 ③日用品や家具の処分 ④病院への入院や介護施設等への入所の際の移動（引っ越し）及び家具類の移動・処分 ⑤介護保険等のサービス受給手続の代行 2　財産管理関係 ①家賃や年金等の定期的な収入の受領に関する手続代行 ②公共料金等の定期的な支出を要する費用の支払に関する手続代行 ③生活費の管理、送金 ④不動産、動産等の財産の保存、管理、売却等に関する手続代行 ⑤預貯金の取引に関する事項 ⑥金融商品の解約・換価・売却等の取引に関する手続代行 ⑦印鑑、印鑑登録カード等の証書・重要書類の保管 ⑧税金の申告・納税・還付請求・還付金の受領に関する手続代行

や緊急連絡先の指定、日常生活の支援として買い物の同行や生活必需品の購入、介護保険等のサービス受給手続きの代行、さらには死後のさまざまな手続きとして、公共料金などのライフラインの解約、葬儀の手配、遺品整理などがあげられています。

なかには、「インターネット・Wi-Fi等の解約」「固定電話、携帯電話等の解約」といった項目もあります。

これらが高齢者の死後に必要な手続きだということは一般的にはあまり認識されていないかもしれませんが、実際には誰かがやるべき作業なのです。

こうした項目を見ると、これまで漠然としていた「身元保証等高齢者サポート事業」の内容、そして「老後ひとり難民」が亡くなるまでの間と亡くなってからも、どれだけ多くの支援が必要なのかがよくわかります。

この報告書には、「身元保証等高齢者サポート事業」の利用者像についても、興味深いデータが示されています。

図表7を見ると、「一人暮らしで、身寄りがなく誰も頼れない」という人だけでなく、

親族はいるが疎遠であったり、遠方に住んでいたり、高齢で頼れなかったりと、さまざまな事情を抱えた人が利用者となっていることがわかります。

たとえば「こどもとの関係が良くないので頼れない」「姉と弟がいるが、共に高齢であり持病もあるため、事業者の利用を検討している」といったケースです。

こうした具体的な事例からは、単純に「ひとり暮らしの高齢者」というだけでなく、家族や親族との関係性の希薄さ、頼れる身内の不在といった問題が浮き彫りになっています。

核家族化や地域のつながりの希薄化が進むなかで、高齢者の孤立がますます深刻化していることがうかがえます。

報告書において興味深いのは、調査対象とした事業者についての説明で「調査開始時点（令和4年8月）において、事業者を網羅的《もうらてき》に把握した公的資料はなく、我が国にどの程度の事業者が存在するかは明らかではない。このため、本調査においては、以下の方法により可能な限り事業者の把握に努め、調査対象事業者を選定した」という記述が

属性および利用者の例について

属性	把握できた利用者の例
高齢の夫婦だけで住んでおり、他に頼れる親族がいない。(15件)	・高齢者夫婦二人で生活しており、近隣に親族がいないため、事業者の利用を検討している。 ・高齢夫婦世帯であり、自分(夫)が亡くなった後の認知症の妻の生活が心配である。
判断能力が不十分になってきており、自分では保証人の確保が難しい。(24件)	・身寄りがない80代の女性に軽度認知症が認められ、早期に施設入所の必要が生じたため、地域包括支援センターのケアマネジャーから身元保証に関する相談を受けた。 ・一人暮らしの高齢の女性で、生活保護や自立支援医療を受けており、自分では保証人の確保が難しい。
上記のいずれかに該当し、かつ、差し迫った状況である。(37件)	・70代女性で、胃ろうであり、かつ、気管切開しているため、退院後すぐに介護施設等に入所する必要があるが、娘は精神障害者なので保証人になることができず、兄妹はいるが亡くなっていたり、存命でも高齢のため自身の生活が大変であったりして保証人を断られた。 ・身寄りがなく入院中。病院を転院することになり、転院先の病院から、身元保証サービス事業者を利用するよう求められた。
将来の備えとして事業者と契約をしたい。(39件)	・入院・手術の際の身元保証人・手術同意書への署名を頼める人がおらず、亡くなったときの葬儀や納骨、家の片付けについて決めておきたい。 ・60代の女性で、姉がいるが、将来に備えて体が動くうちに身元保証契約をしておきたい。

(注) 1 総務省の調査結果による。
2 相談内容には複数の内容が含まれており、重複があるため、合計は179件にはならない。

出典:総務省行政評価局 前掲調査結果報告書

図表7　把握できた利用者をもとに分類した

属性	把握できた利用者の例
一人暮らしで、身寄りがなく誰も頼れない。(38件)	・高齢の女性で、要介護4認定の者で、結婚歴無し、こども無し、兄弟姉妹全員死亡の状況のため、誰も頼れない。 ・ALS療養中の男性で、両親は死去し、兄弟、配偶者、近い親戚いずれもいないため、誰も頼れない。
一人暮らしで、親族はいるが疎遠であり頼れない。(41件)	・こどもとの関係が良くないので頼れない。 ・60代男性で単身。姉と妹はいるが現在は疎遠となっており頼れない。
一人暮らしで、頼れる親族はいるが、遠方に住んでいて頼れない。(17件)	・家族はいるが海外在住のため、頼れない。 ・現在入院中であるが、親族は遠方にいる義理の妹のみであるため、頼れない。
兄弟・姉妹はいるが、高齢なので頼れない。(14件)	・姉と弟がいるが、共に高齢であり持病もあるため、事業者の利用を検討している。 ・市内に一人暮らしの兄がおり、私(70代女性)に身元保証をしてほしいというが、私自身が面倒をみることは難しい。
親族はいるが、その親族に障害があるので頼れない。(13件)	・夫に先立たれ、こどもがいるが重度障害を持っており障害者施設に入所しているため、頼れない。 ・こどもが身元保証人になることを承諾していたが、障害があり、施設から、身体障害のある者は身元保証人になれないとして事業者との契約を求められた。

あることです。

調査対象を選ぶ際、具体的には、①キーワードによるインターネット検索（「高齢者ＡＮＤ身元保証」「高齢者ＡＮＤ身元保証人」「高齢者ＡＮＤ身元引受」「高齢者ＡＮＤ生活支援」「高齢者ＡＮＤ死後事務」「地域名（都道府県名・市区町村名）ＡＮＤ身元保証」「地域名（都道府県名・市区町村名）ＡＮＤ身元保証サービス」）で、まず３９８事業者を把握しています。

次に、②高齢者福祉や介護、消費者部門の担当課室、地域包括支援センター及び消費生活センターに対して把握している事業者がないかヒアリングを行って、12事業者を把握しています。

さらに、③総務省の管区行政評価局等（全国50カ所）の近隣にある介護施設等（各１カ所、計50カ所）に対し、把握している事業者がないかヒアリングを行い、①及び②で把握した事業者のほかに２事業者を把握する――という作業を行っているのです。

半分以上の民間サービスから回答を得られず

「プロローグ」でも触れましたが、私自身、２０１７年から「身元保証等高齢者サポート事業者」の調査に携わってきました。

当時から「身元保証等高齢者サポート事業者」の公的なリストは存在しておらず、調査対象となる事業者がどこにいるのかを調べることからスタートせざるをえなかったわけですが、現在に至っても状況はほとんど変わっていないことがわかります。

総務省では、地道なインターネット検索や聞き取りなどで把握した４１２事業者のうち、88事業者をヒアリング調査の対象としています。

そして「ホームページは存在するものの、連絡先がホームページに記載されておらず、調査実施が不可能だった事業者」５つを除き、３１９事業者を書面調査の対象としましたが、このうち１７９事業者は、書面調査への回答さえなかったというのです。

半分以上の事業者が、総務省の調査への回答もしない（できない）状態にあることも、一つの重要な〝情報〟ではないかと思います。

民間サービスの8割は従業員10人未満、継続年数も5年以下が半数

ここで、ヒアリングまたは書面調査により回答を得られたという204事業者について見てみましょう。

従業員数については、「10人未満」の事業者が全体の約8割を占めており、このうち「2〜5人」の事業者が半数近くを占めています（図表8参照）。

契約者数についても、「10人未満」という小規模な事業者が最も多く、全体の3割ほどを占めていることがわかります（図表9参照）。

つまり「身元保証等高齢者サポート事業」は、ごく少数の従業員で営まれている小規模な事業者が中心となって担っているということです。

また事業継続年数については「1年以上5年以下」が全体の約5割を占めており、11年以上という事業者は16・2％にとどまります（図表10参照）。

利用者の立場からすると、事業者の規模が小さく、歴史も浅いということは、長期的に見たときの事業の継続性に不安を感じるポイントになるでしょう。

仮に70代で契約したとして、その後20年ほどのサポートが必要になる可能性があるな

図表8　従事職員数の階層別の事業者数

（単位：事業者）

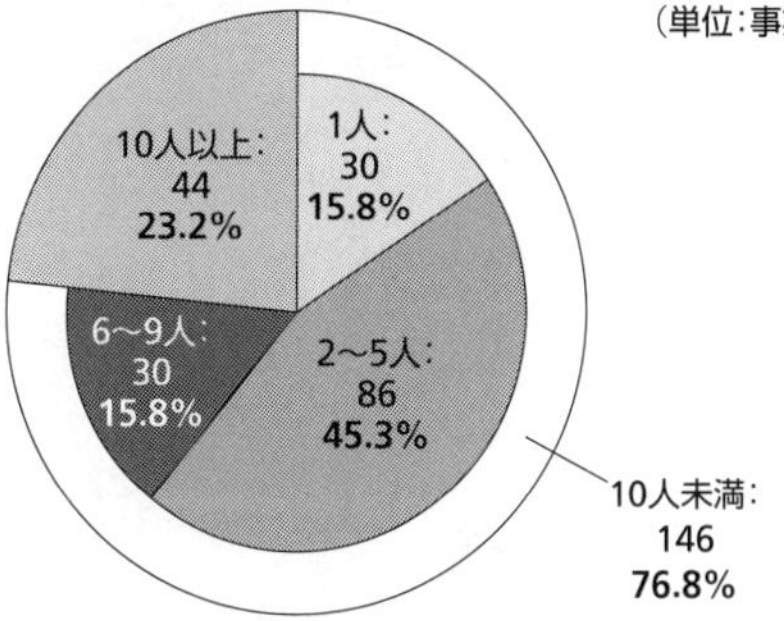

（注）1 総務省の調査結果による。
2 全国団体の支社・支部である事業者及び従事職員数に疑義のある事業者を除いた190事業者について整理したものである。
3 割合は、上記注2の190事業者に対するものであり、小数第2位を四捨五入しているため、合計が100%にならない。

出典：総務省行政評価局　前掲調査結果報告書

図表9　契約者数の階層別の事業者数

（単位：事業者）

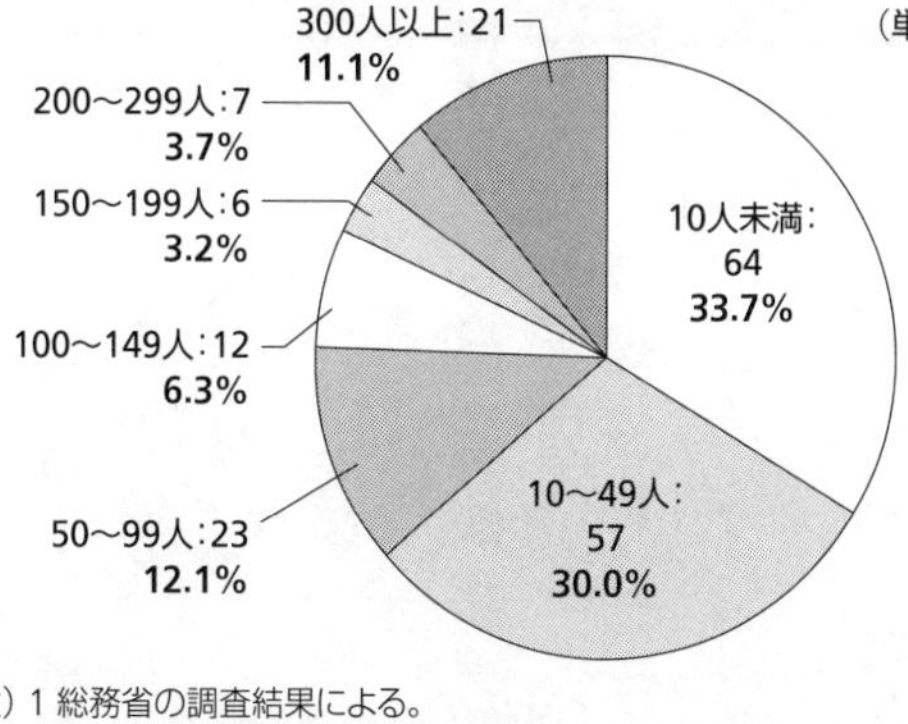

（注）1 総務省の調査結果による。
2 全国団体の支社・支部である事業者及び契約者数に疑義のある事業者を除いた190事業者について整理したものである。
3 割合は、注2の190事業者に対する割合であり、小数第2位を四捨五入しているため、合計が100%にならない。

出典：総務省行政評価局　前掲調査結果報告書

図表10　事業継続年数の階層別の事業者数

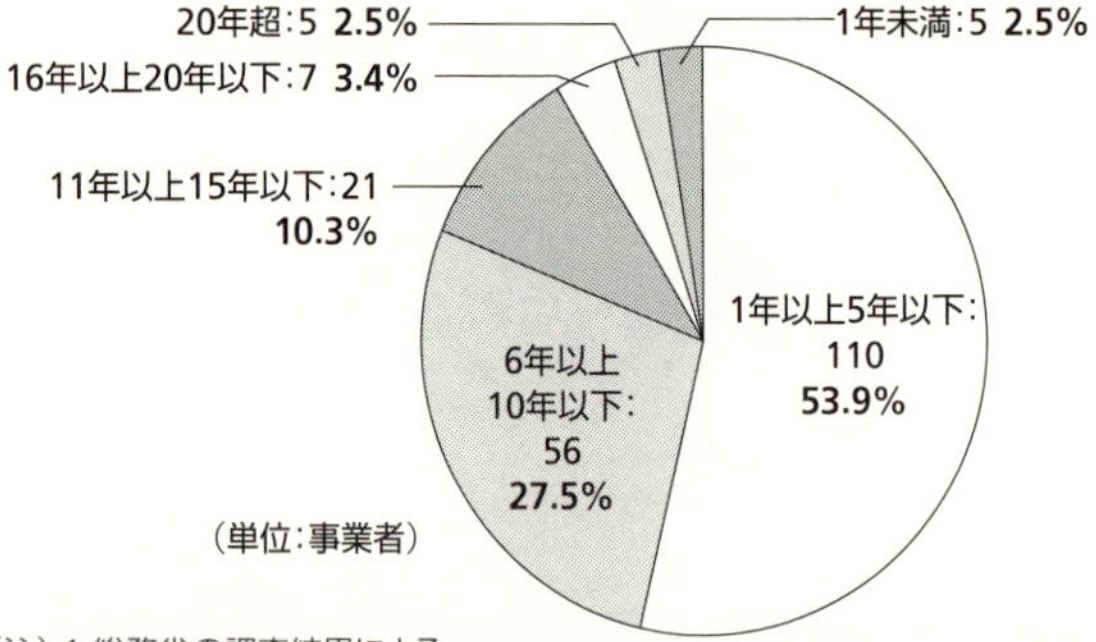

(注) 1 総務省の調査結果による。
2 事業継続年数は、事業者の事業開始年から令和4年までの継続年数で整理した。
3 割合は、事業者調査を実施した204事業者に対するものであり、小数第2位を四捨五入しているため、合計が100%にならない。

出典:総務省行政評価局 前掲調査結果報告書

かで、「事業を始めて5年以下」「従業員数名」といった新参の小規模事業者が、果たしてずっと存続し続けられるのか、懸念が生じるのは自然なことではないかと思います。

民間サービスの比較がかなり難しい理由

懸念はほかにもあります。そもそも統一された規格がなく、サービス内容や料金体系が事業者ごとにバラバラであるため、利用者からすれば、事業者同士の比較は困難です。

たとえば契約時に必要な費用だけを見

ても、「入会金」「契約金」「基本料金」など名目がさまざまで、これらが具体的にどのようなサービスへの対価なのか、判断しづらいのが実情です。

さらに、毎月の支払いを要するものと一括前払いのものがあるなど、支払い方法も統一されていません。利用者が事業者に預けておく「預託金」の扱いについても、事業者ごとに異なります。

こうした状況では、**いくら複数の事業者の料金表を並べて見比べたとしても、トータルでどの事業者が割安なのか、どの事業者のプランが自分のニーズに合っているのかを判断するのは容易ではありません。**

加えて、契約書の内容も事業者によってまちまちです。なかには利用者の利益を損なうおそれのある条項を設けている例もあります。

たとえば、事業者の手続き費用や報酬について、利用者が不明点がある場合に意思表示ができる（＝疑義《ぎぎ》を申し立てる）権利を放棄させる条項や、財産管理等を委託した利用者の死後に、残した財産を事業者に贈与する旨の条項などは、利用者保護の観点から見て問題があるといわざるをえません。

判断能力が十分でない高齢者を相手に、一方的に事業者の利益を優先するような契約を結ばせるケースも懸念されます。

以上のように、「身元保証等高齢者サポート事業」については、サービス内容の広範さ、小規模事業者の割合の高さ、事業者間の比較の難しさ、契約内容の不透明さなど、さまざまな課題が浮き彫りになっています。

利用者が安心して事業者を選び、適切なサービスを受けられるようにするためには、情報開示のルール化や、サービス内容・料金体系の明確化など、まだまだ整備すべき点がかなり多いのです。

民間サービスの課題①契約が長期にわたる

「身元保証等高齢者サポート事業」を巡っては、サービス提供側と利用者側の認識のギャップ、事業者の質のバラつき、利用者の選択をはばむ不透明性など、さまざまな課題が横たわっています。

「身元保証等高齢者サポート事業」に取り組む人は、現在の状況をどのようにとらえているのでしょうか。

行政書士であり、「身元保証等高齢者サポート事業者」である株式会社ＯＡＧウェルビーＲ代表であり、内閣官房「認知症と向き合う「幸齢社会」実現会議」構成員や厚生労働省老人保健健康増進等事業「身寄りのない高齢者の生活上の多様なニーズ・諸課題等の実態把握調査」の委員も務める、黒澤史津乃《しずの》さんにお話をうかがいました。

黒澤さんがまず指摘するのは、料金体系の不透明さです。「身元保証業界全体で考えたときに、契約時にお金がいくらかかるのかがわからず、横比較もできないのが一番の問題」といいます。

身元保証等のサービスを利用する際、契約時にどのような費用がかかるのか、その内訳は何なのかが明確でないケースは少なくありません。

「身元保証等高齢者サポート事業」を営む黒澤さんでさえ、ほかの事業者のホームページを見ても、料金に何が含まれているのかがわからないことが多いといいます。

この背景には、身元保証等のサービスが長期間にわたる契約であることが関係しています。

契約時には元気であっても、いずれ身体が不自由になったり亡くなったりした場合のサポートまでを見越してサービス設計や料金設定をする必要があるため、サービス内容や料金体系が複雑になりがちなのです。

しかし、だからこそ、利用者が適切にサービスを選択できるよう、なるべくわかりやすい情報開示が求められます。

この点について、黒澤さんは「葬儀費用や医療費など（「身元保証等高齢者サポート事業サービス」を使わず）誰がお世話したとしても必ずかかるお金と、私たちサービス事業者が担当することによってかかる報酬の部分が曖昧になりがち」だと指摘し、業界全体で料金体系の透明化をはかる必要性を訴えます。

民間サービスの課題②契約時とサービスを受けるときのタイムラグ

料金の不透明さに加えて、サービスの質のバラつきという問題もあります。

実際に身体が不自由になったり亡くなったりして、サービスを利用する段階では契約時点とかなりのタイムラグがあることが多く、サービスの質のよし悪しを契約時に見極めることは容易ではありません。

いざサービスを利用する場面になり「思ったサービス内容とは違ったから、別のところと契約し直したい」と思っても、そのときには心身が衰えていて、契約を見直す気力や体力がないということにもなりやすいのです。

また黒澤さんによれば、実際に適切なサービスを提供できない事業者があったとしても、利用者本人が心身機能の低下のために自ら苦情をいえない場合も多く、サービスの質の問題は表面化しにくいともいいます。

「老後ひとり難民」が「身元保証等高齢者サポート事業」のサービスを利用する場合、本人が認知症になっていたり、あるいは亡くなって死後事務のサービスが提供される場面では、事業者のサービスを適切にチェックする人がいないという状況が起こるわけです。

このリスクを考えると、利用者側は将来を見すえて、事業者のサービス提供体制が維持可能かどうかなどを検討したうえで選ぶことが欠かせませんし、事業者側も、数十年先まで視野に入れた人員確保など、長期的な事業計画を立てる必要があるのです。

民間サービスの課題③サービスに対する認識のギャップ

さらに、「身元保証等高齢者サポート事業」という分野の特性上、サービスに対する認識のギャップも課題となっています。

本来、誰かにサポートを依頼する以上、それが有償であるのは当然のことです。しかし高齢者のサポートとして行われるサービスの大半は、もともと家族が無償で行うのが当たり前だったことばかりであり、さらに介護保険サービスの範囲内のことは、1割の負担で済みます。

このため、民間の「身元保証等高齢者サポート事業者」の料金設定を「高い」と感じる利用者が少なくないのだそうです。

「『そんなに高いの?』『ケアマネジャーさんはタダでやってくれるのに』などといわれ

ることがありますが、家族や公的な介護保険サービスを比較対象にするのは筋違いでしょう」（黒澤さん）

利用者をサポートするため、民間事業として働く人が動いているのですから、一般的な時給などを考えても、ある程度の費用がかかるのは当然のことです。**安ければよいというものではなく、安い料金であれば、それなりのサービスしか受けられないと考えるのが自然**なのです。

サービスの質を維持するため、そして「身元保証等高齢者サポート事業者」が長期的に経営を安定させるために、利用者の意識改革も必要になるのです。

民間サービスにはどんなクレームが多いのか

近年は、「身元保証等高齢者サポート事業者」に対するクレームが、消費者センターに寄せられるケースもあります。

一般的なクレームとして多いのは、契約後、しばらくして解約した人からの「サービスを受けてもいないのに、費用が全額返金されない」というものがあげられます。

このようなクレームについて、黒澤さんは「契約が成立した時点で、事業者による見守りはスタートしています。解約までの間、利用者に何もトラブルが起きなかったとしても、緊急時に備えてスタッフが準備や待機をしているのです」と説明します。

「全額返金してほしい」というクレームが出るのは、利用者がこのようなサービスの性質について十分に理解していないことも一因かもしれません。

身元保証サービスを利用している人からの苦情で多いのは、「知らないうちにパッケージ契約をさせられた」というものです。つまり、「身元保証だけを頼みたかったのに、死後事務まで含めた契約になっていた」といった訴えです。

しかし「**身元保証をするということは、亡くなったあとに病院や施設から連絡を受け、その後の手続きを行うことを意味します。身元保証サービス提供のためには、死後事務サービスも併せて提供することが必須**なのです」（黒澤さん）。

身元保証サービスを利用する場合、自分に万が一のことが起きたときにどのような対応が必要になり、誰が何に対応するのかを整理し、事業者が何をどこまで担うのかなどを理解したうえで契約することが欠かせないのですが、残念ながら、契約時にそこまで想定できる人は少数派なのでしょう。

いずれにしろ、「身元保証等高齢者サポート事業」は、まだまだ発展の途上にあります。

先にご紹介した調査からも見て取れるように、事業者の健全性や継続性に疑問符がつくケースも少なくありません。

だからこそ、利用者は自ら情報を集め、事業者の選択に慎重を期す必要があります。各事業者のサービスの内容はもちろん、サービス提供体制は十分か、料金体系は妥当かといった点をしっかりと吟味し、納得できる事業者を選ぶことが肝要なのです。

国のガイドラインから民間サービスの選び方がわかる

「身元保証等高齢者サポート事業」が、身元保証や死後事務といった人生の重大局面に関わるものであることを考えると、法律による規制どころか、長らく公的なガイドラインさえ存在しない状態であったことは重い問題でした。

この点、2024年6月に「高齢者等終身サポート事業者ガイドライン」の案が発表されたことは、大きな一歩です。**ガイドラインが示されることで、事業者の質をある程度担保し、高齢者に不利益がないよう手立てが取られ始めた**といえるからです。

このガイドラインはPDFで公開されているので、誰でも見ることができます。

事業者はこのガイドラインを遵守《じゅんしゅ》するよう努めるべきですし、同時に「身元保証等高齢者サポート事業」の利用を検討している人は、ガイドラインに目を通すことで「事業者が守るべきこと」を知ることができます。

つまり、事業者を選ぶ際のチェックポイントがわかるということです。

図表11は、ガイドラインに掲載された「チェックリスト」の項目と内容をまとめたものです。

たとえば**「契約時の説明等」**の項目では、契約の重要事項を説明し、書面で渡しているか、利用者の年齢や心身の状態に応じた適切な説明を行っているかなどのチェック項目があります。

「預託金」に関する項目も重要です。預託金とは前払いした利用料ですが、預託金の額や管理方法が明確になっているか、確認するようチェック項目が設けられています。

また、預託金が事業者の運転資金と分けて管理されているかどうかもチェックすべきです。

「解約方法等」の項目では、解約方法がわかりやすく示されているかがあげられていま す。「いつでも解約できる」といった説明だけでは不十分で、具体的な手順の説明を求める必要があります。

「サービス提供等」の項目では、実際のサービス内容や利用者への報告体制がチェックすべき点としてあげられています。事業者が約束したサービスをきちんと実施し、その経過や結果を報告する義務を果たしているかどうかがポイントです。

「事業者の体制」に関する項目では、事業者の情報公開や、個人情報保護に関する取扱方針、苦情相談窓口の有無を確かめるべきであることがわかります。

このようなチェックリストを活用し、各項目の意味するところを理解することで、信頼に足る事業者の選び方が見えてきます。

項目			内容	チェック
履行の提供	19	サービス提供等	・サービス提供の時期、内容、費用等について、適時に記録の作成、保存をしている。	□
	20		・定期的な面談等により利用者の希望の把握や状況の把握を行っている。	□
	21		・利用者の通帳・現金等を適切に管理し、支出内容等を利用者に適切に報告している。	□
	22		・利用者からの預託金について、事業者自身の運転資金等とは明確に区分して管理している。	□
	23		・利用者が求めた際に、サービスの実施状況について報告している。（民法第645条）	□
	24		・委任契約の終了後、利用者本人又は相続人に対し、その経過及び結果について報告している。（民法第645条）	□
	25	解約方法等	・利用者の求めた際に、解約に必要な手順を伝えている。（消費者契約法第3条第1項第4号）	□
	26		・解約を申し入れた際に、解約を過度に制限する不当な説明をしていない。 （不当な説明の例） 「解約を考え直してくれなければ困る」、「『解約すると生活が維持できなくなる』と不安を煽る」など	□
	27		・解約料の算定根拠の概要や、違約金等を設定した合理的理由を説明することができる。（消費者契約法第9条第2項）	□
事業者の体制	28	事業者の体制	・事業者に関する情報や提供しているサービス情報について、HPで公表されているなど、利用者が分かるようになっている。	□
	29		・個人情報保護に関する取扱方針が定められている。	□
	30		・利用者からの相談窓口が設置されており、連絡先が分かる。	□

出典：厚生労働省老健局「高齢者等終身サポート事業者ガイドライン」

図表11　事業者を選ぶ際のチェックリスト

項目			内容	チェック
契約の締結	1	身元保証等	・身元保証の内容と費用の取扱いが明らかになっている。	□
	2		・入退院時に行う対応が具体的に明らかになっている。	□
	3		・緊急時の連絡先や連絡方法が明らかになっている。	□
	4	死後事務	・死後事務で行う内容と費用の取扱いが明らかになっている。	□
	5	日常生活支援	・提供されるサービス内容と費用の取扱いが明らかになっている。	□
	6	解約料	・解約料について適正な金額が設定されている。（消費者契約法第9条第1項第1号）	□
	7	死因贈与等	・契約時に死因贈与や寄附（贈与）を条件等とした契約を締結していない。（民法第90条参照）	□
	8		・死因贈与契約を締結する場合、その契約を撤回できることを明らかにしている。	□
	9	判断能力の低下時	・利用者の判断能力低下時の取扱いを定めている。	□
	10	預託金	・預託金の額やその根拠について明らかになっている。	□
	11		・預託金の管理方法等の取扱いについて明らかになっている。	□
	12	勧誘方法	・不当な方法による勧誘を行っていない。（消費者契約法第4条） （不当な勧誘の例） 「契約を締結するまで、事務所から帰さない」、「『契約しないと生活が維持できなくなる』と不安を煽る」など	□
	13	契約時の説明等	・利用者の年齢、心身の状態、知識等に応じた適切な説明を行っている。	□
	14		・契約に関する重要事項を説明し、その内容を利用者に書面（重要事項説明書）で交付している。	□
	15		・重要事項説明書には、少なくとも以下の項目が含まれている。	□
	16		・契約者に提供するサービスの内容や費用、費用の支払方法	□
	17		・契約するサービスの解除方法・事由や契約変更・解約時の返金の取扱い	□
	18		・契約書を作成し、利用者に交付している。	□

これから「身元保証等高齢者サポート事業者」を探して契約したいと考えている方は、このチェックリスト案を参考にすることをおすすめします。

身元保証について国の「ガイドライン」はあっても、「罰則」はない

一方で、厳しい見方をすれば、本書執筆時点では、このガイドライン案が発表されたというだけです。**「身元保証等高齢者サポート事業を監督する官庁がない」という前提は変わっておらず、そもそも「身元保証等高齢者サポート事業者」を国や自治体が把握する仕組みもありません。**

また、ガイドラインはあくまで「指針」ですから、これを守らなかったとしても、罰則などがあるわけでもありません。

つまり、ガイドラインが示されたからといって、事業者の質がしっかり担保されるようになったとまではいえないのです。

だからこそ、利用者が事業者を選ぶ際に、自らチェックすることは欠かせません。

この問題を長く調査してきた立場からは、ガイドラインの内容を事業者がしっかり守れているかを確認する体制づくりや、守らなかった場合の対応の決定など、実効性を担保する仕組みの検討が進むことを願っています。

民間サービスはどう利用すればいいのか

身元保証サービスは多くのニーズがあります。ガイドラインの整備も進み始めたことで、これからさまざまな事業者が参入して市場が伸びていく可能性が高いでしょう。それにともなって競争も進み、優良な事業者が生き残って成長していくことになるかもしれません。

しかしここまでにご紹介してきた現状からいえるのは、現時点では「身元保証等高齢者サポート事業」に過剰な期待を抱くのは禁物だということです。

歴史が浅く規模が小さい事業者が多いことを考えると、倒産などのリスクが相応にありますから、慎重に検討すべきです。**何から何まで丸ごと1社に依頼するのは、リスクが高い**といえるのです。

すべてを託した「身元保証等高齢者サポート事業者」が経営破綻した場合、契約していた高齢者は途方に暮れてしまうことになるからです。

1社にすべてを任せず、リスクを分散する

リスクを回避するためには、1社にすべてを任せきりにするのではなく、依頼先の分散化をはかるのが一つの選択肢ではないかと思います。

たとえば**死後事務については、行政書士や司法書士、弁護士などに依頼して「死後事務委任契約」を結んでおくことが可能**です。ただしこの場合、自分が亡くなったときに死後事務を引き受けた人にスムーズに連絡がいくよう準備しておく必要があります。

また、死亡届を出してくれる人がいない場合は、死後事務委任契約を結んだ弁護士等が死亡届の届出人になれるよう、任意後見契約を結んでおくことにもなるでしょう（任意後見契約を結んだ人は死亡届を提出できますが、死後事務委任契約を結んでいるだけでは死亡届の提出はできず、その後の手続きに進めません）。

また、預託金についても注意が必要です。事業者によっては、預託金を払うことで、

買い物等を頼んだ際にそこからスムーズに支払いをしてもらえるサービスが提供されています。

いちいち頼み事に応じてお金を払うより手間がかからず便利であることは確かですが、「これは便利だ」と、預金をまとめて預託金に移す人もいると聞きます。

しかし、**手持ちの資産のほとんどを預託金にしている場合、事業者の倒産に見舞われたときに、預託金が保護される保証はありません。**そのようなリスクを念頭に置き、預託金は人生設計がくるわない程度におさめておくべきです。

また、質の高いサービスを受けるためには、それ相応のコストがかかることを覚悟しなければなりません。

通常、私たちが商品やサービスを提供してもらう場合、「無料でお願いしたい」などということはまずありません。商品やサービスの提供を受けるのですから、対価を支払うのが当たり前だと考えるはずです。

ところが、身元保証サービスの分野に限っては、無償を期待する人が少なくありません。これは、身元保証サービスを一種の「福祉」ととらえる感覚が根強いためかもしれません。

しかし、民間の事業者がビジネスとして提供するサービスである以上、適正な対価を支払うのは当然のことです。

安価な料金が設定されている場合、むしろサービスの質を疑う必要があります。サービス価格の安さだけを聞いて飛びつくのは危険だといえます。

おおまかにいえば、「身元保証等高齢者サポート事業者」に身元保証と死後事務を依頼する場合、おおむね200万〜300万円程度はかかるものと考えておいたほうがいいと思います。

いずれにしても、事業者選びの際は、自分のニーズに対して適切なサービスを提供してくれるかどうかをよく確認する必要があります。

自分が必要とするサービスは何なのかをよく見定めたうえで、複数の事業者の料金やサービス内容を比較検討することが肝要です。

もちろん、**介護保険サービスなど公的な制度をうまく活用することも重要**です。

「200万円払ったのだから、『身元保証等高齢者サポート事業者』がすべてやってくれるだろう」などと依存するのではなく、利用者自身が可能な限り主体的に判断し、公的サービスと民間サービスを適切に組み合わせ、ときには地域の方や知人などの助けも借りながら「老後ひとり難民」生活を乗り切っていくことが大切だと思います。

第5章 「老後ひとり難民」リスクの高い人がすべきこと

終活のポイントを整理し、一つずつ取り組む

第4章までで見てきたように、高齢期に家族の助けが得られない「老後ひとり難民」は社会問題になりつつあります。そして、心身の衰えにともなう生活上のトラブルから死後の対応まで、その問題は多様で複雑です。

たとえば金銭管理については「支払い手続きができない」「詐欺にあってしまう」、財産管理や住居については「維持管理ができない」「転居の手続きや作業ができない」、医療や介護については「支払い手続きができない」「意思決定が困難」、死後事務については「火葬や納骨をする人がいない」などのさまざまな問題があります。

これらの問題については、一部は自治体が対応する部分もありますが、多くはケアマネジャーや医療ソーシャルワーカー、成年後見人などが担っており、「職務範囲外のボランティア的支援」によって支えられている部分もかなり多いといえます。

「身元保証等高齢者サポート事業者」のなかには、契約した顧客に対して横断的なサービスをうたうところもありますが、このようなサービスは価格的に安くはないため、誰

でも利用できるわけではありませんし、事業者によりサービスの内容も異なります。

いずれにしても、**課題把握と課題に対する支援が〝パッチワーク状態〟になっている**ことは否めません。

「老後ひとり難民」が抱える問題は、一つ一つ対応する官庁が異なりますし、ひとくちに「老後ひとり難民」といっても、認知機能や資産額の違いによって「必要なこと」や「対応可能なこと」も異なるため、「社会共通の問題」として全体像が認識されづらいという特徴もあります。

このような事情から、多くの問題は解決には至っていないのです。

現在のところ、残念ながら「これさえやっておけばいい」という理想的な解決策はありません。

「老後ひとり難民リスク」が高い方や、自分の親など身のまわりにリスクが高い方がいる場合は、さまざまな公的機関や専門職、民間事業者のサポートの活用を検討しながら、現段階では個人で「終活」を進めていく必要があります。

私がこれまでの調査研究を踏まえて定義した終活分野は、次の8項目です。

（ア）日常生活に必要なこと（運転、掃除、買い物、食事の用意など）
（イ）入院時の保証人・医師の説明の同席・つき添い
（ウ）入院費、家賃、その他のお金の支払いの手続き
（エ）介護保険サービス選びや契約の手続き
（オ）延命治療に関する考えを医師などに伝えること
（カ）亡くなったあとの葬儀やお墓の手配
（キ）亡くなったあとのペットの世話（譲渡するなども含む）
（ク）亡くなったあとの財産の配分や家財の処分

これらについて、日本総研が50～84歳の方約2500人を対象に準備状況を調査したデータが図表12です。

8項目について「具体的に頼んである」「おおまかに頼んである」「依頼はまだだが頼

図表12　一般住民約2500人（50〜84歳）の「終活」の準備状況

（n=2512。ただし「ペットはいない」を除いたものはn=854）

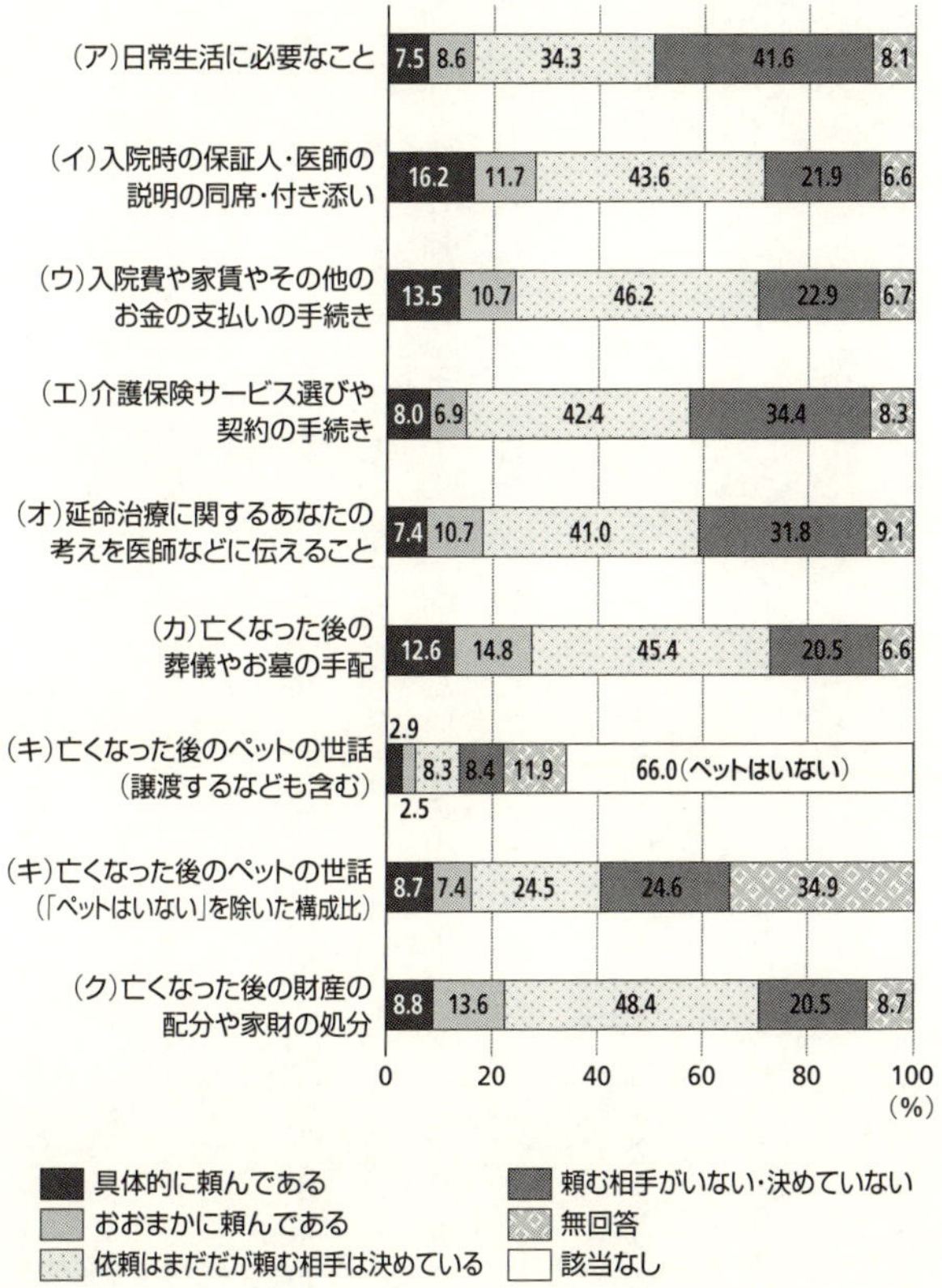

横須賀市・稲城市の住民2,512人（50〜84歳）に対するアンケート調査
出典：人口減少・単身化社会における生活の質（QOL）と死の質（QODD）の担保に関する調査研究事業（日本総合研究所、2023年3月）

む相手は決めている」「頼む相手がいない・決めていない」のいずれかを選択してもらった結果ですが、「依頼はまだだが頼む相手は決めている」という回答が4割ほどを占める項目が多く、またすべての項目で「頼む相手がいない・決めていない」という回答が2〜4割ほどという状況であることもわかります。

同調査では、「自分の病気や要介護・死亡時に周囲の人が手続きできるよう備えたい」かどうか、「備える場合に難しい点」は何かについても尋ねています。

調査結果からは、9割を超える人が「備えたい」と思っている一方で、そのタイミングや、すべきことがわからないと感じていることがうかがえます。

では、この8つの項目に関しては、いつどのように準備していくべきなのでしょうか？

先ほどお伝えしたように、「ここに頼めば安心」「これだけやれば絶対大丈夫」という解決策は、残念ながらありません。

また、従来であれば家族が個別に解決してきた分野であるため、「老後ひとり難民」

の場合、何が必要で何をすべきかが明確に定まっているわけでもありません。

それでも、できる分野から準備を進めていくことが大切です。具体的には、次の「終活の3大ポイント」を行っておけば、少なくとも問題が〝大炎上〟してしまうことは防げるのではないかと思います。

①自分に関する情報を整理する

自分の代わりに動いてくれる人の連絡先（電話番号）、延命治療に関する希望、お墓などの納骨場所、関連する契約（死後事務委任契約や任意後見契約）、遺言書などを整理しておく。

②契約・依頼を明確にする

①で整理した情報について、自分の代わりに動いてくれそうな人に、どんなときに何をしてほしいか、あらかじめ依頼をしておく。必要な場合は、「代わりに動いてくれそうな人」や専門家（弁護士、司法書士、行政書士など）、「身元保証等高齢者サポート事

業者」などと契約を結んでおく。

③自分がいなくても情報が伝わるようにしておく

①と②について、たとえ自分の意識がなかったり死亡したりしたとしても、情報が周りに伝わるようにしておく。

いつ、何を、どう始めるか?

ここまでお読みになって「なるほどな」と思っても、そのまま本を閉じて忘れてしまっては意味がありません。

こういった準備はなかなか始めるきっかけがつかみにくいものですが、いざ問題が起きたときに困らないよう、取り組めるところから少しずつ手をつけていくことが大切です。

「いつ始めるか」は、たとえば「60歳になったら、自分の情報を整理しよう」「定年退職のタイミングで、契約や依頼を明確にしておくところまでやってしまおう」というように決めるのがよいのではないかと思います。本書を閉じる前に、この「いつ始めるか」だけでも決めておいてはいかがでしょうか。

「何をしていいかわからない」という場合は、まず①の「自分に関する情報の整理」をしておくだけでも、周囲の人が助かります。

情報をどう整理するか迷ったら、「エンディングノート」を書いておくのがよいかもしれません。

エンディングノートとは、自分の人生の終末期におけるさまざまな希望や意思を記録しておくためのノートのことです。自分が倒れて意識不明になったり亡くなったりした場合、周囲の人や病院のスタッフに自分の意向を伝えるための重要なツールとなりえます。

エンディングノートは市販品がありますし、自治体が配布している場合もあります。

一般的には、延命治療に関する希望、葬儀やお墓に関する希望、財産の分配方法、大切な人へのメッセージなどの記入欄が用意されています。特別な形式があるわけではないので、市販品を使ってもいいでしょうし、必要な項目をパソコンでまとめてもかまいません。

ただし、エンディングノートを書くだけでは機能しないことに注意が必要です。「大事なものだから」「人には秘密にしておきたいことを書いたから」などと考え、うっかり誰にもわからない場所にしまってしまうと、肝心なときに見てもらえないということになりかねません。

エンディングノートは、いざというときに必ず見つけてもらえるように準備することが重要です。どんなに情報をまとめていても、どんなに仲のよい親族がいても、自分しかその存在を知らなければ、意味がありません。**実は、これが「老後ひとり難民」になるかどうかを分ける重要なポイント**なのです。

2024年6月10日放送のNHK「クローズアップ現代」で、ひとり暮らしの女性が急病で搬送されて亡くなり、海外にいた娘さんの電話番号が不明だったために、死亡した病院のある市が身寄りがないと判断し、火葬したことが取り上げられました。

娘さんと女性は頻繁にLINEで連絡していて、女性からの返信がないことを心配し、娘さんは知人や警察に依頼して家を見てもらったり、救急搬送の履歴を調べるなど、懸命に安否を確認しました。

しかし、女性が亡くなったことを知った頃には、すでに火葬が済んでおり、娘さんは最後にお母さんの顔を見てお別れをすることもできませんでした。

とても悲しい行き違いですが、スマートフォンですべてやりとりすることの多い現代では、実は、市役所や病院などの第三者が、ある人の大事な人や親族に連絡を取ることはとても難しくなっているのです。

だからこそ、自分が伝えられない状態になったとしても、大事な人の電話番号などの必要な情報が第三者にわかるようにしておく必要があるのです。

先に少し触れましたが、救急車で運ばれる場合、救急隊員の方はできるだけ財布と鍵を一緒に持っていくといわれます。

また、運び込まれた人の意識がない場合などは、病院のスタッフが持ち物を確認することになります。

通常、財布のなかは必ずチェックしてもらえるので、倒れた場合の緊急連絡先やエンディングノートをしまっている場所などの情報は、紙にメモして財布に入れておくのがおすすめです。

なお、いざ倒れたときに救急隊員の方に持ち出してもらうべきものを袋にまとめ、玄関などに置いておくのも一つの方法です。倒れる場所が自宅とは限りませんが、外出先で倒れたとしても、誰かに取りにきてもらえるかもしれません。

緊急連絡先を記入したエンディングノートや、入院となった場合に手元にないと困るものを入れておくようにすれば、物事がスムーズに進む可能性が高くなります。

このような準備は、防災と同じです。災害はいつ来るかわかりませんから、防災準備は早めにやっておくにこしたことはありません。いつまでに準備を終えるか、期限を決めて取り組むことが肝要です。

親が「老後ひとり難民」になることが心配な方は、「私も一緒にやるから」といって誘い、一緒に取り組んでもいいかもしれません。

後悔しない最期のために、今からできること

延命治療に関する希望については、具体化するのが難しいものでしょう。皆さんにおすすめしたいのは「アドバンス・ケア・プランニング（ＡＣＰ）」に取り組むことです。

アドバンス・ケア・プランニング、いわゆる「人生会議」は、もしものときのために自らが望む医療やケアについて前もって考え、家族等や医療・ケアチームと繰り返し話し合い、共有する取り組みのことです。

厚生労働省からも「「人生会議」してみませんか」として、さまざまな情報提供が行われています（https://www.mhlw.go.jp/stf/newpage_02783.html）。

アドバンス・ケア・プランニングに取り組むことは、自分の価値観や意向を明確にし、将来に備えることにつながります。

逆の視点から見れば、自分が望む医療やケアについて深く考えることで、自己理解が深まり、人生の目的や意味を見つめ直す機会にもなります。

自分の意思を尊重した医療やケアを受けられる可能性が高まるのはもちろん、周囲の

人が自分に代わって意思決定しなければならない場合の負担を軽減し、心理的ストレスを和らげることにもなります。

本人の意思が明確になっていればこそ、周囲の人が後悔や罪悪感を抱えることなく、本人の望みに沿った決定を下すことができるからです。

アドバンス・ケア・プランニングでは、どのような生き方を望むのか、どんな医療やケアを望むのかについて考えを巡らせ、自問自答を繰り返し、自分の思いを言葉にしてみることが大切です。

その思いを信頼できる人に伝え、話し合ってみましょう。率直に意見を交換し、互いの考えを理解し合うことが重要です。

緩和ケアや延命治療などについてわからないことがあれば、必要に応じて医療従事者に相談するとよいかもしれません。

アドバンス・ケア・プランニングをきっかけに情報を収集すれば、より現実的な選択肢を検討できるようになります。

ゲーム感覚で楽しく取り組む方法もある

一般社団法人ｉＡＣＰが制作している「もしバナゲーム」に取り組んでみるのもおすすめです。このゲームは、「もしバナカード」と呼ばれるカードを使って行います。

カードには、「家族と一緒に過ごす」「いい人生だったと思える」「誰かの役に立つ」「お金の問題を整理しておく」など、重病のときや死の間際に「大事なこと」として人がよく口にする言葉が書いてあります。

さまざまなカードから自分が大切だと思うものを選び、なぜそれが大切なのかを言葉にすることで、「どのようにケアしてほしいか」「誰にそばにいてほしいか」、そして「自分にとって本当に大事なことは何か」が見えてくる――というものです。

「もしバナゲーム」は、ひとりでも行えますが、友人・知人など信頼できる人と一緒に行うことにも意味があります。

お互いの価値観や考えを共有し、違いを知り、相互理解を深めることで、将来の医療やケアに関するスムーズな意思決定が期待できます。

また、ゲーム形式で行うことで、重い話題でも楽しみながら考えることができるのも特徴です。

自分の人生観や死生観を見つめ直すことは、どのような医療やケアを望むのかを具体的にイメージすることにつながります。

人生の最終段階について考えることは「できれば避けたい」と感じる難しい課題かもしれませんが、「もしバナゲーム」なども活用しながら、前向きにアドバンス・ケア・プランニングに取り組んでみていただければと思います。

アドバンス・ケア・プランニングは、一度で終わるものではありません。人生の途中で、価値観や意向が変化することもあるでしょう。

また、医療技術の進歩により、新たな選択肢が生まれることもあります。定期的に見直しを行い、必要に応じて内容を更新していくことも重要です。

老後の「お金の問題」に、必要以上に振り回されないようにする

老後については、「お金をいかに賢く使っていくか」も考える必要があります。「老後ひとり難民」のなかには、お金にはあまり困っていないという人もいるでしょう。

そうであれば、少しでも快適に過ごすためにお金を積極的に使うという視点も持ったほうがよいのではないかと思います。

介護保険料を払っているのに、利用料を惜しんでサービスを使わないという方もいますが、これは得策とはいえないのではないでしょうか。

日本では、「亡くなったときが人生で一番のお金持ち」というケースも少なくないといわれています。

お金が底をつくことをおそれるあまり、使うことを渋るのは賢明ではありません。

最近は遺贈や寄付に高い関心が集まっていますが、本来はまず自分のために有効にお金を使うべきでしょう。多くの高齢者がサービスを利用するようになれば、関連市場の発展にもつながります。

亡くなるまでにかかる費用を正確に見積もるのは難しいため、「いざというときのために」と考えるとお金をためておきたくなるものかもしれません。特に、老後は医療費がどれくらいかかるか心配だという人が少なくないでしょう。

しかし、日本には「高額療養費制度」があり、自己負担額に上限が設けられています。通常、70歳以上の方は所得に応じて医療費の1〜3割を窓口で負担するということは皆さんご存じでしょう。

その自己負担額が一定額を超えると、「高額療養費制度」の対象となり、超過分が払い戻されるのです。

自己負担限度額は所得区分によって異なりますが、たとえば収入が公的年金のみの「一般所得者」の場合、70歳以上の高齢者の外来での限度額は月1万8000円、「入院＋外来」では月5万7600円。つまり、仮に入院して医療費が月100万円かかったとしても、実際の負担は5万7600円で済むということです。

このような制度も考慮に入れ、自分のお金の状況を整理すれば、どの年齢でどのくらいのお金を残しておけば安心なのかが見えてくるはずです。

不便を我慢することなく、安心してお金を使えるようになるためにも、一度、資産計画（ファイナンシャル・プランニング）に取り組むことをおすすめします。

「老後ひとり難民」にならないために最も大切なこと

私が「老後ひとり難民」の未来を明るくするために最も重要な鍵だと考えているのは、近隣や地域社会との〝つながり〟です。

社会参加をすることで、民間の「身元保証等高齢者サポート事業者」にお金を払って解決するという手段だけでなく、周囲の人と助け合うという選択肢が生まれるからです。

特に、**心身の状態が良好で働いたりボランティア活動ができる人は、サポートを受けるだけでなく、自分もサポートする側にまわるという発想を持つことが大切**です。

たとえば、民生委員としてボランティア活動をすれば、高齢期に直面する具体的な課題を実感でき、自分自身の老後について考えるうえで貴重な知見を得ることができるかもしれません。もちろん、趣味のサークルに参加するのもよい方法です。

仕事であれボランティアであれ趣味であれ、常に顔を出す場所を持っておくことは、もしものときに周囲の人が「どうして今日は来ていないのだろう」と気づいてくれる可能性を高めます。

高齢になっても働いたほうがいいといわれると、「いくつまで働かせるつもりなのか」と思うかもしれません。

しかし、社会のなかで誰かの役に立ち続けることができるのは精神的にも張り合いになりますし、そのうえ対価ももらえるのですから、働けるのなら働き続けたほうが幸せなのではないかという気もします。

私が高齢者の問題について調査をするなかで、いわゆる「悠々自適な老後」を過ごす方に話を聞いたことがあります。

ある80代半ばの男性は、妻と2人で高齢者向けのサービスつき高級マンションに住んでいました。もともと充実した現役時代を過ごされていた方で、経済的にも恵まれた暮らしぶりで、健康面でも問題はありません。

しかし、この男性は、私に「もう死にたい」と漏らしたのです。「俺はもういいよ。

仲間もみんな亡くなってしまった。好きだった山にも、ひとりでは登る気にもなれない。もう自分にはやることがない」――それは悲愴《ひそう》な言い方ではなく、本当に何をすればいいのかわからないというふうでした。

この男性の例は、「悠々自適」が必ずしも幸福な老後を意味しないことを示唆《しさ》しています。

たとえ健康で経済的に恵まれていても、社会との関わりを失ったり、自分が心からやりたいと思えることがなかったりすれば、充実感を得るのは難しいものなのかもしれません。

近くにいる〝顔見知り〟を増やす

現在の「老後ひとり難民」の問題は、私たち自身が選んできた社会のありようからの必然的な帰結だともいえます。

バブル崩壊後の「失われた30年」のなか、家族や地域のつながりは縮小し、「人と深く関わりたくない」という意識が強まっていきました。

同時に「個」が大切にされる世の中になり、そのおかげで「古い時代より生きやすい」と感じている人も多いのではないかと思います。

それが、高齢になっていざ「老後ひとり難民」となり、さまざまな困難に直面したときになって「誰かが助けてくれないだろうか」といい出しても、それは少し無理がある気がするのです。

昔の「面倒な人間関係」は煩わしく感じられる面もあったかもしれませんが、お互いに助け合うセーフティネットの役割も担っていたのです。

そのセーフティネットがなくなってしまったなか、お金だけで問題を解決しようとしても、話はそう簡単ではありません。

老後資金が不足している人もいますし、世の中全体が人手不足でもありますし、何より高齢期の問題は、お金さえ払えばなんとかなるような問題ばかりでもありません。

少々、説教臭い言い方になってしまいますが、やはり人はひとりでは生きられないのです。今の状況で私たちがすべきことは、「どのようにして社会との関わりを取り戻すか」を考えることではないかと思います。

難しい話だと感じてしまう方もいると思いますが、あまり重苦しく考えず、まずは地域のラジオ体操に参加するといったような、気軽にできることからスタートしてもいいと思うのです。

週に数回、1回あたり15分か20分くらいでも軽く身体を動かし、あいさつできる顔見知りを作ることから始めてみてはいかがでしょうか。

「老後ひとり難民」同士の〝つながり〟を作る試み

身寄りのない高齢者が増加するなか、「おひとりさま」の高齢者同士がつながって助け合いながら安心して暮らせる社会を目指す取り組みも各地で始まっています。

そうした取り組みの一つである「一般社団法人おひとりさまネットワークSISTER《シスター》HOOD《フッド》」の主宰者、新井京子さんにお話をうかがいました。

自身も「おひとりさま」として将来への不安を抱えていたという新井さんは、「自分と同じように感じている『おひとりさま』はたくさんいるはず。家族がいない人間には、家族に代わって話し合える仲間が必要」と考え、SISTERHOODを立ち上げました。

SISTERHOODが提供するのは、「おひとりさま」の高齢者同士が交流し、情報交換や相談ができる場です。

定期的なセミナーや茶《さ》話《わ》会《かい》を開催するほか、LINEを使った日常的なコミュニケーションなどを通じ、会員同士のつながりを深めていくことを目指しています。

「将来的には、身元保証や遺言、財産管理、介護など、『おひとりさま』が直面するさまざまな問題について会員同士で相談し合える関係性の構築を目指しています」（新井さん）

現在は80名ほどの会員が在籍しているそうです。

このような取り組みは、「老後ひとり難民」同士が抱える不安や悩みを共有しながら、解決策を一緒に考えていくための場として、大きな意義があると感じます。

行政の公的サポートだけではカバーできない、日常生活上のサポートを会員同士が行うことで、身寄りのない高齢者も安心して暮らせる社会への一歩になるはずです。

ＳＩＳＴＥＲＨＯＯＤの活動は、会員同士の支え合いを基盤としつつ、専門家との連携も視野に入れています。

司法書士や税理士などさまざまな専門家とのネットワークを築いており、必要に応じて会員をサポートできる体制づくりを進めているそうです。

「終活」をサポートする自治体の取り組みを把握する

近年は、自治体が「終活」を支援する取り組みも全国的に広がりを見せています。エンディングノートの無料配布や終活セミナーの開催、葬儀社との生前契約のサポートなど、さまざまな形で自治体による終活支援が行われるようになっているのです。

全国に先駆けて先進的な終活支援を開始した自治体としてよく知られているのは、神奈川県横須賀市です。

身寄りがなく葬儀を行う人がいない「引き取り手のない遺骨」の増加が深刻な問題となっていた横須賀市では、「エンディングプラン・サポート事業（ＥＳ事業）」を立ち上げました。これは、経済的に余裕のないひとり暮らしの高齢者を対象に、生前に高齢者自身が葬儀社と契約を結ぶことをサポートし、亡くなったあと、市と葬儀社が連携して葬儀や納骨を行うという画期的な取り組みです。

原則として「①ひとり暮らしで頼れる身寄りがなく、②月収18万円以下・預貯金等が250万円以下程度で、固定資産評価額500万円以下程度の不動産しか有しない高齢者等」の市民が対象であり、誰でも利用可能というわけではありませんが、ES事業によって身寄りのない方であっても本人の意向を尊重した葬送が可能となること、同時に市の負担も軽減されることが期待できます。

このほか横須賀市では、「わたしの終活登録」という事業も行っています。「①本人の氏名、本籍、住所、生年月日、②緊急連絡先、③支援事業所や終活サークルなどの地域コミュニティー、④かかりつけ医師やアレルギー等、血液型、⑤リビングウィルの保管場所・預け先、⑥エンディングノートの保管場所・預け先、⑦臓器提供意思、⑧葬儀や遺品整理の生前契約先、⑨遺言書の保管場所と、その場所を開示する対象者の指定、⑩お墓の所在地、⑪本人の自由登録事項」の11項目から、本人の意思で自由に選択した項目を「終活関連情報」として生前に登録しておくと、万一のとき、病院・消防・警察・福祉事務所や本人が指定した方からの問い合わせに対して必要な情報を開示するというものです。

ほかの自治体の例でいうと、たとえば東京都豊島区は終活専用の相談窓口「終活あんしんセンター」を開設しているほか、終活についての情報登録の事業も行っています。「区内在住の65歳以上の方、その他必要と認める方」が利用でき、「緊急連絡先、本籍、通院先・アレルギー等、リビングウィルの保管場所、エンディングノートの保管場所、臓器提供の意思、献体登録先、死後事務委任契約や終活に係る生前契約等、遺言書の保管場所」を登録できます。

神奈川県大和市でも、エンディングノートの保管サービスや「わたしの終活コンシェルジュ」という相談事業を実施しています。

2024年度には東京都が、単身高齢者等の終活情報の登録事業を行う市区町村に対し、人件費や事務費の補助（上限500万円）を開始しました。

対象となるのは、単身高齢者の緊急連絡先やかかりつけ医、延命治療の希望の有無といった情報を居住自治体が登録する取り組みなどです。

東京都が終活支援サービスの導入を後押しする姿勢を鮮明にしたことで、今後、こういった動きが全国に広がっていく可能性もあります。

自治体によって終活支援への取り組みには違いがありますが、多くの自治体が提供するサービスは無料で利用できるケースが多く、特に「老後ひとり難民」や経済的に困窮している高齢者にとっては心強い味方になりえます。

皆さんも、ご自身が住む自治体や高齢の親が住む自治体に終活支援サービスがないか、確認してみてください。

今はサービスが実施されていないとしても、今後、横須賀市や豊島区のような取り組みが広がっていくと考えられますので、継続的にチェックすることをおすすめします。

おわりに

最後までお読みいただき、ありがとうございました。

本書で繰り返しお伝えしたとおり、「老後ひとり難民」の問題には、シンプルでわかりやすい解決策がありません。また、新たな解決策が提示されるまでには、長い時間がかかりそうです。

しかし、状況は少しずつ動き始めています。

2024年3月の住宅セーフティネット法改正案は高齢者が賃貸住宅を借りやすくするための大きな一歩ですし、本書執筆中に「身元保証等高齢者サポート事業者」（高齢者等終身サポート事業者）のガイドライン案が発表されたことも画期的であったと思います。

さらに、ちょうど原稿を書き終えた5月上旬には「頼れる身寄りのいない高齢者が直面する課題を解決するため、政府が新制度の検討を始めた」という報道もありました。今後、国や自治体の動きはどんどん増えてくるはずですし、それによって私たちが取りうる手段も変わっていくことでしょう。

ですから「老後ひとり難民」の問題に関心をお持ちの方は、国や自治体の関連政策に関心を寄せて、注目し続けていただければと思います。

本書の第5章は、「老後ひとり難民」の方が具体的な対策を取るための一歩を踏み出すことができればと考えて執筆しましたが、対策に着手することはおそらく簡単ではないだろうと思います。

というのも、私自身、高齢の親が遠く離れた場所で2人暮らしをしており、「薄氷の上」にいる状態なのです。

どちらかが倒れれば親が「老後ひとり難民」になってしまうということはわかっていても、日々の生活や仕事に追われるなかでは、なかなか細やかな対策を取ることができません。

父母には歩数や睡眠の状態などが計測できるスマートウォッチを身に着けてもらい、データをチェックしては「よく眠れているな」「ちゃんと歩いているな」などと日々確認していますが、心配はつきません。

とはいえ、少しでも心配や不安を取り除き、心穏やかに暮らしていくためには、できることから対策していくほかありません。

少なくとも本書を手に取ってくださった皆さんは、この問題の全体像をおおまかに把握し、ご自身がどんな対策を取りたいか考えを巡らすことのできる状態になっているのではないかと思います。

「少しずつ手を動かしてみようか」と思っていただけるなら、著者として大変うれしく思います。

最後に、調査研究事業のなかでいつも貴重なご意見をくださる、日々「老後ひとり難民」の課題解決にあたっていらっしゃる皆さまに、改めて敬意を表します。

また、この困難な課題をわかりやすくお伝えするために心を砕いてくださった、ライターの千葉はるかさん、編集者の四本恭子さんに深く感謝いたします。

日本総合研究所　創発戦略センター　シニアスペシャリスト

沢村香苗

著者略歴

沢村香苗《さわむらかなえ》

日本総合研究所 創発戦略センター シニアスペシャリスト。
精神保健福祉士、博士(保健学)。
東京大学文学部行動文化学科心理学専攻卒業。
東京大学大学院医学系研究科健康科学・看護学専攻博士課程単位取得済み退学。
国立精神・神経センター武蔵病院リサーチレジデントや
医療経済研究機構研究部研究員を経て、
二〇一四年に株式会社日本総合研究所に入社。
二〇一七年よりおひとりさまの高齢者や身元保証サービスについて
調査を行っている。

幻冬舎新書 736

老後ひとり難民

二〇二四年 七 月三十日 第一刷発行
二〇二四年十一月十五日 第九刷発行

著者 沢村香苗
発行人 見城 徹
編集人 小木田順子
編集者 四本恭子

発行所 株式会社 幻冬舎
〒一五一-〇〇五一 東京都渋谷区千駄ヶ谷四-九-七
電話 〇三-五四一一-六二一一(編集)
〇三-五四一一-六二二二(営業)
公式HP https://www.gentosha.co.jp/

ブックデザイン 鈴木成一デザイン室
印刷・製本所 中央精版印刷株式会社

GENTOSHA

ISBN978-4-344-98738-8 C0295
さ-28-1

*この本に関するご意見・ご感想は、左記アンケートフォームからお寄せください。
https://www.gentosha.co.jp/e/